COMTE DE PUYMAIGRE

JEANNE D'ARC

AU THÉATRE

1439 — 1890

PARIS

NOUVELLE LIBRAIRIE PARISIENNE

ALBERT SAVINE, ÉDITEUR

12, RUE DES PYRAMIDES, 12

1890

JEANNE D'ARC AU THÉATRE

DU MÊME AUTEUR :

Poètes et romanciers de la Lorraine, 1 vol.

Les vieux Auteurs castillans, 2e édition, 2 vol.

La cour littéraire de Don Juan II, 2 vol.

Petit romancero, 1 vol.

Romanceiro portugais, 1 vol.

Folklore, études de littérature populaire, 1 vol.

Chants populaires du Pays-Messin, 2e édition, 2 vol.

Jeanne d'Arc, poème dramatique, 1 vol.

Vieilles nouvelles, 1 vol.

Heures perdues, 1 vol.

Le Victorial, chronique de don Pero Niño, traduit sur le manuscrit espagnol, en collaboration avec le comte Albert de Circourt, 1 vol.

Souvenirs sur l'Émigration, l'Empire et la Restauration, par le comte A. de Puymaigre, père de l'auteur, publiés par ce dernier, 1 vol.

CE PETIT VOLUME N'A ÉTÉ TIRÉ
QU'A 300 EXEMPLAIRES

COMTE DE PUYMAIGRE

JEANNE D'ARC

AU THÉATRE

1439 — 1890

PARIS

NOUVELLE LIBRAIRIE PARISIENNE

ALBERT SAVINE, ÉDITEUR

12, RUE DES PYRAMIDES, 12

1890

PRÉFACE

Cette étude sur les œuvres dramatiques où figure la Pucelle est beaucoup plus complète que l'article publié dans le *Correspondant*, en 1875, sous ce même titre : *Jeanne d'Arc au théâtre*.

Je dus alors supprimer des citations qui eussent trop allongé des pages destinées à une revue et que je regrettais parce qu'elles étaient souvent empruntées à des livres rares dont la découverte n'avait pas été facile.

Outre que ces passages omis ont été rétablis dans cette réimpression, j'y ai complété mes recherches en parlant de productions dramatiques qui avaient échappé à mon attention ou qui sont nées, en assez grand nombre, depuis la date où j'écrivis mon premier travail.

Je ne crains pas d'avoir commis trop d'oublis dans la longue période qui commence en 1439 par le *Mystère du siège d'Orléans* et finit en 1890 par la pièce remaniée de M. J. Barbier. Je crains plutôt d'avoir trop arrêté mon lecteur devant bien des écrivains au sujet desquels j'aurais dû peut-être lui répéter le vers de Dante :

Non ragioniam di lor, ma guarda e passa.

Paris, 6 avril 1890.

JEANNE D'ARC AU THÉATRE

1439-1890

Aucun personnage n'a inspiré autant d'œuvres dramatiques que Jeanne d'Arc (1). En France seulement on l'a prise une cinquantaine de fois pour héroïne de productions de ce genre. On lui a fait débiter de la prose de drame, déclamer des alexandrins de tragédie, chanter des vers d'opéra : on l'a fait gesticuler dans des pantomimes, galoper dans

1. Nous avons continué à écrire avec une apostrophe ce nom que plusieurs des auteurs dont nous parlerons ont écrit en un mot. Au sujet d'une orthographe, à laquelle un long usage aurait dû empêcher de toucher, nous trouvons dans un livre de M. David une observation qui a sa valeur : « D'Arc est un sobriquet, comme tant d'autres, devenu nom propre, peut-être la famille de Jacques fils de... était-elle originaire d'Arc en Barrois... Défigurer un nom anobli tout ensemble par l'admiration du monde, les lettres patentes de Charles VII et la rage de Voltaire, la belle trouvaille ! »
(*Jeanne d'Arc*, récit historique et critique de sa mission, p. 191.)

des cirques, on lui a même fait fredonner des couplets de vaudeville. Il nous a semblé qu'il pouvait être curieux de rechercher ce qu'ont fait tant d'auteurs dramatiques et de dire quelles combinaisons parfois étranges sont venues surcharger et souvent gâter la magnifique histoire de la Pucelle. Le nom seul de Jeanne a une telle puissance qu'il suffira peut-être pour donner à des tentatives trop fréquemment malheureuses, un intérêt qui n'est pas en elles-mêmes et sur lequel nous comptons aussi pour protéger ces pages. Nous avons cru que nous ne devions pas seulement accueillir le souvenir de pièces représentées, mais que nous devions étendre nos perquisitions à des œuvres qui, si elles ne sont pas arrivées au théâtre ou ne lui ont pas été destinées, ont du moins emprunté la forme dialoguée. Nous ne nous engageons pas, cependant, à analyser toutes les productions dramatiques où figure Jeanne d'Arc ; quelques-unes ont échappé à nos recherches et n'ont pas été imprimées ; d'autres, qui n'ont pas ce mérite de la rareté, en considération duquel nous avons dû nous arrêter devant des livres privés d'une valeur intrinsèque, sont vraiment indignes d'attention et lasseraient le lecteur sans dédommagement d'aucune sorte ; il est donc quelques circonstances où nous nous bornerons à inscrire une date, un titre et le nom d'un auteur oublié.

C'est bien peu d'années après son supplice que Jeanne d'Arc fut pour la première fois l'objet d'une représentation dramatique. Elle le fut à Orléans dans un mystère (1) qui se compose de 20.529 vers et qui d'après les inductions de ses éditeurs, MM. Guessard et de Certain fut joué dans la ville délivrée par la Pucelle, en 1439, huit ans après la mort de Jeanne et peut-être déjà en 1435. Cent acteurs parlant et représentant des personnages dont plusieurs vivaient encore, figurèrent dans cette œuvre de si longue haleine. Le mystère commence dans la Grande-Bretagne. C'est là que dans un conseil tenu par des généraux anglais et après un discours de Salisbury, on décide que pour achever la conquête de la France, il faut s'emparer d'Orléans. C'est seulement au vers 7.060, après une scène qui

1. *Le Mistère du siège d'Orléans* publié pour la première fois d'après le manuscrit unique conservé à la bibliothèque du Vatican, par MM. F. Guessard et E. de Certain. 1 vol in-4. Imprimerie impériale 1862. A la fin de cette publication se trouve une bibliographie qui, de même que le *Catalogue des ouvrages dramatiques depuis Jodelle jusqu'à nos jours*, par H Duval (Bibl. nat. manuscrits), nous a été fort utile pour l'indication des pièces que nous avions à nous procurer.

se passe au ciel où vient de monter une prière de Charles VII, que paraît la Pucelle « gardant les bre bis de son père et queusant (cousant) en linge ». Saint Michel se montre à elle et lui enjoint d'aller au secours du roi. Nous la voyons ensuite dans la demeure de Baudricourt qui n'ajoute pas foi à ses paroles. A cette entrevue succèdent de nombreuses scènes qui, dans des lieux différents, mettent en présence une foule de personnages. La situation de la France devient des plus lamentables. Notre Dame intercède pour ce malheureux royaume. Saint Michel est de nouveau envoyé à Jeanne et lui ordonne de retourner près de Baudricourt qui cette fois se laisse convaincre par elle. Nous la perdons de nouveau de vue et ne la retrouvons qu'à Chinon, là, elle reconnaît Charles VII se cachant au milieu de ses courtisans et finit par inspirer plus de confiance au roi.

Il veut, toutefois, que Jeanne soit examinée à Poitiers par les quatre présidents du Parlement et les Inquisiteurs de la foi. Leur impression est si favorable que Charles n'hésite plus à croire aux promesses de la Pucelle qui lui a révélé un secret connu de lui seul. Charles s'occupe alors de l'armement de Jeanne à qui l'on voit, un peu plus loin, qu'il fait don d'une armure blanche, mais quand il parle de l'épée dont doit s'armer la jeune fille, elle réclame la mystérieuse épée de Fierbois :

D'espée point on n'en fera,
Que j'en ay une toute guise,
Et si vous plaist querre on yra
En ung lieu où elle est assise ;
Dès longtemps y a esté mise,
Du temps des grands princes et roys,
Derrière l'autel en église
Saincte Catherine Fierbois.
Entre autres y en a une
Qui a cinq croix en la croisée,
Et n'est pas de façon commune,
Je veuil que me soit apportée.

Jeanne décrit ensuite comment doit être son étendard dont la description diffère en quelques points de celle qu'on lit dans le procès :

Un estandart avoir je vueil
Tout blanc, sans nulle autre couleur,
Où dedans sera un souleil
Reluisant ainsi qu'en chaleur.
Et au milieu, en grand honneur,
En lectre d'or escript sera
Ces deux mots de digne valleur
Qui sont cest : *Ave Maria.*
Et au-dessus notablement
Sera une majesté
Pourtraite bien et joliment
Faicte de grant auctorité.

Aux deux coustez seront assis
Deux anges qui chascun tiendra
En leur main une fleur de liz ;
L'aultre le souleil soustiendra.

Le mystère continue à côtoyer l'histoire et si fidèlement qu'une analyse suivie devient inutile; disons seulement que, comme on pourrait le croire d'après le titre, il ne finit pas strictement à la délivrance d'Orléans, il ne se termine qu'après la glorieuse journée de Patay par le retour triomphal de la Pucelle dans la ville qu'elle a sauvée et aux habitants de laquelle elle adresse ces mots qui précèdent la formule finale : *Explicit Amen :*

Si vous en charge faire processions,
Et louer Dieu et la vierge Marie,
Dont par Anglois n'a pas été ravie
Vostre cité et vos possessions.

L'auteur resté inconnu de ce mystère n'était pas poète le moins du monde. Il n'avait ni style, ni imagination, nulle part il n'est soulevé par la grandeur des prodiges qu'il a voulu faire revivre. Son œuvre a cependant un grand intérêt. N'est-il pas extraordinaire qu'à une époque ou le *Procès de condamnation* n'était pas connu, où le *Procès de réhabilitation* n'avait pas mis dans leur vrai jour le caractère et la mission de la Pucelle, n'est-il pas extraordinaire qu'alors l'auteur reproduisant, sans doute, de simples traditions orales, ait composé un livre dont tous les documents historiques vulgarisés depuis ont confirmé la vérité et à ce point que si ces documents eussent fait défaut, on aurait pu écrire tout le commencement de la vie de Jeanne d'Arc, rien qu'en s'appuyant sur le vieux mystère. Les nombreux personnages que l'auteur a mis en scène s'expriment d'une manière plate et monotone, mais il y a un certain charme à les entendre parler la langue de leur temps, celle de la Pucelle, à les voir agir et penser comme ils l'ont fait réellement. Aux faits incontestables dont s'est inspiré l'auteur, MM. Guessard et de Certain ont eu soin de le remarquer, se sont ajoutés d'autres faits ayant aussi toute l'apparence de la vérité, que les historiens peuvent prendre en considération et qui ont tout au moins le mérite de donner des détails sur les mœurs, l'esprit de l'époque. Il nous semble que si l'on extrayait du trop long mystère, les scènes où apparaît Jeanne d'Arc, on composerait un ensemble fort attachant, et qui, en dépit d'une forme abrupte, frapperait plus vivement l'imagination que les œuvres dont je vais avoir à parler.

Nous avons dit que le *Mistère d'Orléans* semble avoir été représenté bien peu d'années après la mort de la Pucelle. Il paraît, — tant fut grande dans toute l'Europe l'émotion que causa sa miraculeuse mission, — que, de son vivant même, en 1430, on fit figurer Jeanne d'Arc dans une pièce représentée à Ratisbonne, et ayant pour sujet la guerre des Husssites. Une lettre que la Pucelle adressa à ces hérétiques et que J. Quicherat a publiée (1), lui valut sans doute un rôle dans cette production dramatique sur laquelle on n'a d'ailleurs point de détails.

Après le *Mistère du siège d'Orléans*, nul poète dramatique ne s'occupa de Jeanne d'Arc jusques vers la fin du xvie siècle. A cette époque, il y avait au collège des Jésuites de Pont-à-Mousson un professeur de rhétorique dont le nom est resté attaché à d'excellentes éditions de quelques pères de l'Église, Fronton du Duc. Celui-ci composa, sous le titre de l'*Histoire tragique de la Pucelle d'Orléans*, une pièce qui, le 7 septembre 1580, fut jouée devant le duc de Lorraine, Charles III. Elle plut tellement à ce prince qu'il fit délivrer à l'auteur,

1. *Procès de condamnation* et de *réhabilitation*, t. V, p. 82.

dont les vêtements révélaient une pauvreté évangélique, cent écus d'or, somme très considérable pour le temps. L'*Histoire tragique* fut imprimée en 1581 (1) et réimprimée en 1859 (2) par les soins d'un intelligent bibliophile, M. Durand de Lançon. Est-elle tout à fait la production qu'avait écrite le P. Fronton du Duc? Il y a quelques doutes sur ce point. Jean Barnet qui la publia pour la première fois et la dédia au comte de Salm, maréchal de Lorraine et alors seigneur de Domremy, annonce qu'il a revu et remanié cette tragédie. Tandis qu'un érudit lorrain, M. Beaupré, tient compte de cette assertion et croit que le travail de Barnet fut autre chose qu'une simple mise au net et qu'une revision, M. de Lançon pense que l'éditeur s'est attribué un

1. *L'histoire tragique de la Pucelle de Dom-Remy, aultrement, d'Orléans.* Nouvellement departie par actes et représentée par personnages. A Nancy par la vefve Jean Janson pour son fils, imprimeur de Son Altesse. 1581.

2. *L'histoire tragique de la Pucelle d'Orléans*, par le P. Fronton du Duc. Pont-à-Mousson, imprimerie de P. Toussaint, MDCCCLIX. — On peut consulter sur cette pièce *Les recherches historiques et bibliographiques sur le commencement de l'imprimerie en Lorraine*, par Beaupré (Nancy, Grimblot 1845), p. 180 ; *Les Nouvelles recherches de bibliographie lorraine*, par le même (Paris, Dumoulin 1856) ; dans ce dernier livre l'examen de la tragédie de Fronton du Duc occupe de la page 22 à la page 60 ; un article de M. du Haldat dans les *Mémoires de l'Académie de Stanislas*, 1847 ; *l'histoire de Lorraine* de Digot, t. V, p. 144.

rôle beaucoup trop considérable. Toujours est-il qu'on doit s'étonner de voir Barnet, huit mois seulement après la représentation d'une tragédie qui avait eu tant de succès, déclarer qu'il n'en connaissait pas l'auteur. Le peu d'importance que le P. du Duc attachait à son œuvre, le pieux dédain qu'il ne cessa de témoigner pour toutes les vanités de ce monde, pourraient à peine expliquer une telle ignorance. On serait tenté de la croire feinte et d'y deviner l'effort d'un écrivain vulgaire cherchant à s'emparer de l'œuvre d'autrui.

Une trentaine de personnages paraissent dans cette tragédie. Quoique l'auteur n'ait donné aucune indication sur des changements de lieux et de décorations, il ne s'est pas astreint à l'une des plus gênantes unités qu'ait inventées Aristote. A une scène où le comte de Clermont peint dans un monologue la déplorable situation de la France, en succède une autre qui doit se passer à Domremy et qui nous montre Jeanne très troublée par les révélations des voix mystérieuses. Peut-elle se croire choisie pour l'accomplissement de tels prodiges ? Dieu veut-il lui donner la mission de délivrer Orléans, de faire sacrer le roi, de sauver la France ? Elle est dans cet état d'anxiété que Chapelain a bien peint dans un beau vers de son mauvais poème :

> Elle se cherche en elle et ne s'y trouve plus.

Saint Michel, paraît-il, est irrité des retards de la Pucelle. Il lui ordonne de partir. A la scène III nous sommes à Chinon. Charles VII a perdu tout espoir. Le comte de Clermont lui annonce l'arrivée d'une jeune fille qui promet de mettre fin à tant de maux. On introduit Jeanne, elle reconnaît le roi qui a fait prendre sa place par le comte de Clermont, elle expose la mission dont Dieu l'a chargée et répète à Charles une prière qu'il a adressée à la Vierge. Charles, frappé d'une telle révélation, décide que Jeanne sera interrogée par des théologiens.

L'acte suivant nous fait assister à une discussion entre ces doctes personnages ; tous déclarent que le roi ne doit pas dédaigner le secours imprévu qui s'offre à lui ; Charles accepte avec joie cette décision. Jeanne indique où l'on trouvera l'épée dont elle s'armera et adresse un discours à ses futurs compagnons d'armes. Nous nous trouvons ensuite sous les murs d'Orléans : assiégés et assiégeants échangent des provocations. Les Anglais ont entendu parler d'une sorcière qui est venue en aide au roi de Bourges, c'est à son sujet que s'engage cette querelle où les insultes volent et se croisent. L'acte se termine par un conseil que tiennent Jeanne, l'amiral de Culant, le maréchal de Rais et les principaux chefs français.

Le troisième acte commence par un monologue dans lequel le roi revient sur les prodiges accomplis depuis l'arrivée de la Pucelle. Il est interrompu par le duc de Lorraine qui, lui aussi, célèbre la Pucelle de Domremy. Tout à coup survient Lahire, bien caractérisé par un vers d'une facture toute moderne :

> Gascon de nation, d'esprit prompt et gaillard.

Lahire apprend aux deux princes un déplorable événement, Jeanne prise à Compiègne a été livrée aux Anglais.

Au quatrième acte Jeanne est à Rouen, prisonnière, découragée. Saint Michel lui apparaît et la réconforte. Sommerset et Talbot veulent la mort de la Pucelle. Si la justice ecclésiastique est trop douce pour elle on la remettra à des juges séculiers, ceux-là perdent tout scrupule :

> Si tost que dans leurs mains ils voient jaunir l'or.

Il y a là un portrait assez vigoureusement esquissé de Jean d'Estivet. Jeanne, malgré la haine de l'évêque de Beauvais et de la plupart de ses juges, n'est condamnée qu'à une captivité perpétuelle.

Un monologue dans lequel un gentilhomme de Rouen montre toute l'admiration et toute la pitié que lui inspire la sainte captive, commence le cinquième acte. Ce personnage s'éloigne, puis paraissent Sommerset exaspéré de ce que Jeanne n'ait pas été condamnée à mourir et l'abbé de Fécamp qui intercède pour elle, mais vainement. Sommerset ordonne que Jeanne soit livrée à la justice séculière. Le personnage qui a paru au début de ce dernier acte, le gentilhomme de Rouen, rentre en scène, il est bientôt abordé par un *messager*, c'est ainsi que l'auteur désigne un des témoins du martyre de la Pucelle, et apprend de lui les détails de l'horrible exécution. Dans ce récit, le P. Fronton du Duc n'a pas oublié les prodiges relatés par les chroniqueurs :

On a du grand brasier la masse escartelée,
Où tout au beau milieu son chaste cœur estoit,
Qui entier dans le feu, vermeil encor restoit,
Comme on voit quelquefois entre un fesseau d'espines
Une rose rougir en ses feuilles crespines.

A la veue de tous on a veu parmy l'air,
Une blanche colombe hors du feu s'envoler
Et battant doulcement ses ailes esmaillées,
S'envoler de droict fil aux voultes estoillées.

La pièce se termine par un chœur de jeunes filles françaises.

Je voudrais que cette analyse trop rapide peut-être, — mais tant d'autres auteurs m'attendent que je suis obligé de me hâter, — eût donné une idée suffisante de l'œuvre de Fronton du Duc. Ce n'était pas un homme d'un esprit vulgaire et si l'on veut bien se rappeler quels avaient, un peu avant lui, été en France les débuts de l'art dramatique, on accordera une estime méritée au jésuite de Pont-à-Mousson. Il y a dans sa *Jeanne d'Arc* beaucoup plus d'intérêt, de poésie, d'instinct des nécessités du théâtre que dans la *Cléopâtre* et dans la *Didon* de Jodelle. Du Duc eut de plus l'honneur de traiter un sujet national et il explique, souvent heureusement, dans un prologue, quelles raisons l'ont déterminé dans ce choix :

Messieurs, c'est à l'honneur du pays de Lorraine,
Au fruict de la jeunesse, affin qu'elle s'aprenne
Aux arts et aux vertus, que ce peuple joyeux
Est venu pour ouyr, non de comiques jeux,

Mais plus tost en poussant une voix plus hardie,
On prétend vous montrer en une tragédie
Un spectacle plus grave, affin que gravement
L'esprit se norissant se forme sagement.
Or, on n'a point choisy ung argument estrange (étranger)
Scachant que cil est fol, lequel ayant sa grange
Pleine de grains cueillis, emprunte à son voisin,
Laissant pourrir chez soi son propre magasin;
On a trouvé chez nous suffisante matière
Pour d'un poème tel fournir la charge entière

. . . .
On a donques choisy les faits d'une Pucelle
Qu'en France plus souvent d'Orléans on appelle:
De Domremy plus tost nous la dirons icy:
(Aux terres de Lorraine, elle nacquist aussy)..
. . . . Non ce n'est de ce temps
Que l'estat des François, Lorraine, tu défends!

Si vers 1830 un des disciples de la nouvelle école eût découvert l'*Histoire tragique*, alors devenue bien rare, et à qui une récente édition à exemplaires très restreints, a conservé cette qualité chère aux bibliophiles, si l'un des rédacteurs du *Globe* ou de la *Revue de Paris* eut mis la main sur cette pièce introuvable, n'eût-il pas placé Fronton du Duc parmi les ancêtres du romantisme? Ne l'eut-il pas introduit dans le cortège de Shakspeare, de Lope de Vega, de Calderon ? N'aurait-on pas à son sujet maudit la réaction qui vint barrer la voie au bout de laquelle on devait rencontrer un théâtre national tel que le possèdent les Anglais et les Espagnols ? Il y aurait sans doute eu de l'exagération dans ces louanges et ces regrets, mais cependant il y aurait eu aussi quelque vérité. Le drame comme l'avait compris le poète jésuite était bien celui que nous avons essayé de créer en prenant des étrangers pour modèles, le drame s'inspirant de la chronique, la reproduisant avec une certaine exactitude, animant de nombreux personnages, ne négligeant pas les scènes incidentes propres à donner plus de mouvement à l'action et ne s'inquiétant pas plus de l'unité de lieu que de cette unité de temps qui devait en vingt-quatre heures faire accomplir tant de choses à un héros tragique :

Massinisse en un jour, voit, aime et se marie.

Une douzaine d'années s'étaient écoulées depuis que l'œuvre de Fronton du Duc avait été représentée quand, de nouveau, Jeanne d'Arc eut sa place dans une production dramatique. Cette fois ce fut en Angleterre et cette fois l'auteur fut un grand poète ; mais trop peu de temps s'était passé depuis les victoires de la Pucelle pour que Shakspeare (1)

1. Est-il bien certain que Shakspeare ait écrit cette première partie d'Henri VI ? M. F.-V. Hugo ne le croit pas. *Œuvre complète de Shakspeare.* Paris. Pagnère 1863, tome XII.

osât se montrer juste envers l'héroïne. Ce n'était pas assez d'avoir livré Jeanne au bûcher, il fallait souiller la mémoire de la bonne Lorraine, et c'est cette tâche honteuse dont Shakspeare se chargea dans la *première partie de Henri VI*. Ce drame est assez connu pour que nous puissions n'en parler que très brièvement. Nous devons cependant faire plus que l'indiquer parce qu'à lui remontent des conceptions qui se sont transmises jusqu'à nos jours et que l'une d'elles a pu contribuer à altérer le caractère de Jeanne. Shakspeare fait pour la première fois paraître la Pucelle devant Orléans et c'est là qu'il place l'épreuve de la reconnaissance du roi auquel on a substitué un personnage de sa cour ; la Pucelle ne tarde pas à inspirer la confiance, Orléans est bientôt délivré et Charles VII s'écrie : « Ce n'est plus saint Denis que nous invoquerons, Jeanne la Pucelle sera désormais la Patronne de la France ! »

> No longer on Saint Denis will we cry,
> But Joan la Pucelle schall be France's saint.

Le rôle de Jeanne est ensuite presque nul jusqu'au troisième acte où elle s'empare de Rouen que les Anglais reprennent peu après. Dans cet acte se trouve un passage sans fondement historique qui depuis a été très fréquemment reproduit : la Pucelle par son éloquence décide le duc de Bourgogne à se séparer des ennemis de la France. Il semble que le poète anglais se soit laissé toucher par celle qu'il marquait comme sa victime et il en a été récompensé par la grandeur de cette scène, mais Shakspeare s'empresse d'expier cette impartialité passagère. Un peu plus loin il fait de Jeanne d'Arc une sorcière, et les démons qu'elle évoque cessent de lui obéir, elle est prise et condamnée au feu. C'est alors que son père vient solliciter sa grâce ; honteuse de ce vieux berger, Jeanne le méconnaît et le vieillard indigné l'accuse lui-même de magie et s'éloigne en la maudissant. On verra quelle longue influence a exercée cette partie de la pièce de Shakspeare.

En 1795 les sentiments d'hostilité qui avaient si mal inspiré le grand poète, s'étaient assez dissipés pour que le peuple de Londres fût indigné d'une pantomime à la fin de laquelle on voyait Jeanne emportée aux enfers. Ce dénouement fut tellement sifflé qu'à la seconde représentation il fallut que des anges remplaçassent les démons.

Mais revenons en France où, en reprenant l'ordre chronologique, nous apercevons une pièce qui dut être postérieure de huit ou dix ans à celle de Shakespeare. Cette œuvre sans intérêt, sans vérité, pleine de fastidieux monologues comme la *Cléopâtre* de Jodelle, n'est qu'une sorte de longue élégie telle que les poètes de la *Pléiade* eussent pu l'écrire. Le style rappelle tout à fait — trente-six ans avant le *Cid* — l'école de Ronsard. Cette tragédie, qui paraît avoir d'abord été représentée à Rouen et qui fut ensuite jouée sur le théâtre du Marais, eut pour auteur Virey des Graviers et fut publiée en 1600, à Rouen encore, par Raphaël du Petival. Les entrepreneurs — c'est ainsi que l'auteur nomme les personnages — sont : « Le roy Charles Septième, le duc d'Alençon, la Pucelle, le bastard d'Orléans, le comte de Suffort (*sic*), Glacidas, anglois, le seigneur Talbot, Lucidam, anglois les gendarmes exécuteurs, Allide, anglois, filles de France ». Le titre de cette pièce est : « Tragédie de Jeanne d'Arcques dite la Pucelle d'Orléans, native du village d'Emprenne près Vaucouleurs. » (1) Pourquoi Emprenne au lieu de Domremy ? Je l'ignore. —

1. Rouen. De l'imprimerie de Raphaël du Petival, libraire et imprimeur du roy, devant la grande porte du Palais : « A l'ange Raphaël, » 1600.

Au premier acte Charles VII et le duc d'Alençon exposent les malheurs de la France dans de longues tirades écrites d'un style dont les vers suivants donneront une idée plus que suffisante :

Le François est semblable au saule verdissant,
Tant plus il est tordu et plus il va croissant,
C'est un monstre à neuf corps, un hidre lernéen
Qui se rit es combats du fait herculéen,
Et pour son front coupé d'une main inutile
Sept naissent à la fois sur sa teste fertile...

Le second acte commence par une scène dont le lieu n'est pas indiqué, entre Dunois et Jeanne. Celle-ci parle de sa jeunesse et des doux souvenirs de son enfance, mais le ton de ce passage est tout païen. Voici par exemple comment la Pucelle s'exprime sur les apparitions qui l'ont déterminée à venir trouver le roi :

Et les songes allez coulant dedans mon âme,
Echauffèrent mon cœur d'une divine flamme;
Puis comme messager du tout puissant Jupin,
Me dirent en telz mots le but de mon destin :
« Fille, le seul soucy de la chaste Lucine,
« Quitte, quitte les bois, arme, arme ta poitrine,
« Venge l'injure faite à ton propre pays,
« Et chasse par le fer, les douleurs, les ennuis,
« Qui comblent maintenant les sujets de ton prince. »

Dunois a quelques doutes sur la mission de

Jeanne, mais il les exprime de la manière la plus galante :

Peut-être que vos yeux, flammesches immortelles,
Que ce poil, que ce front, que ces lèvres jumelles,
Que ce teint peint de lis et que vostre beauté
Pourroit (sic) vaincre et tuer autant de leur costé
Que l'espée de l'autre.

La Pucelle répond que ce n'est pas ainsi qu'elle entend donner la victoire et finit par faire partager sa confiance à Dunois. Au troisième acte une tirade de Suffolk est interrompue brusquement par Glacidas :

Monseigneur, courez tost, hé ! voici l'ennemy
Il n'est pas de besoin de retarder ici,
Las ! il tue, il prend tout ; tout fuit devant sa face ;
Plusieurs que pris, que morts gisent dessus la place,
Une femme enragée, une peste, un dégat,
Un tonnerre, un malheur, sous les armes abat,
Des soldats plus vaillants elle est presque maîtresse ;
Armez-vous vistement et courez à la presse.

Jeanne apparaît ensuite, elle célèbre sa victoire et la délivrance d'Orléans. Les vers que le poète met dans sa bouche sont bien mauvais, mais le livre qui les contient est si rare qu'il faut bien encore lui emprunter une citation :

Orléans qui est ceint d'un mur dardanien,
Ouvrage merveilleux du blond lathonien,

Qui te laves les pieds dans le fleuve de Loire,
Nourrisse de Bacchus, de Parnasse la gloire,
Mère alme de Cérès et fille de Jupin,
Ne crains doresnavent que le soldat mutin
Esbranle ce tien front et que l'anglaise audace
D'un canon essoufflé tonne devant ta face...

Une scène entre Talbot consterné des échecs de l'Angleterre et Allide qui cherche à lui rendre de l'espoir, compose tout le quatrième acte. Au cinquième, la Pucelle prisonnière, gémit sur son triste sort et s'entretient avec Lucidam qui vient lui apprendre qu'elle va mourir. Les filles de France terminent la pièce par un chœur dans lequel elles célèbrent la gloire de la Pucelle, jurent de conserver son souvenir et de lui consacrer un autel. Elles lui promettent ensuite que de doctes esprits feront voler partout son nom et ses vertus. C'est là une promesse, qu'à coup sûr, l'auteur de cette œuvre insipide, n'a pas aidé à tenir.

Le libraire qui a publié la pièce dont nous venons de parler, mit au jour, en 1608, une autre œuvre dont voici le titre un peu long : *Les Amantes ou la grande pastorale, par Nicolas Chrétien sieur des Croix Argentenois, en cinq actes, en vers, avec un prologue, enrichie de plusieurs belles et rares inventions et relevée d'intermèdes héroïques à l'honneur des François*. Jeanne d'Arc n'est pas l'héroïne de cette pièce qui est une pastorale faite à l'imitation du *Pastor fido* et de l'*Aminta*, mais parmi les belles et rares inventions de l'auteur, il faut citer l'idée singulière d'interrompre, après chaque acte, sa tragédie par un intermède sur un sujet historique et sans aucun rapport avec les personnages et la donnée de l'œuvre principale. Après le premier acte vient la conversion de Clovis; le second est suivi de la prise de Compostelle, par Charlemagne; le troisième de la prise de Jérusalem, par Godefroy de Bouillon. Entre le quatrième et le cinquième nous assistons à la prise de Damiette, par saint Louis. Enfin au cinquième et dernier acte, succèdent plusieurs scènes consacrées à Jeanne d'Arc. La Pucelle a été avertie de sa grande mission, elle a longtemps hésité, elle est maintenant décidée à la remplir; elle sait qu'elle n'est qu'un instrument entre les mains de Dieu :

A lui de commander, à nous de le servir:
Pucelle que je suis et de race petite
Mais de sa main élue et de sa bouche instruite;
J'espère en ma faiblesse avoir trop de pouvoir
Pour accomplir son veuil et faire mon devoir.
Dieu de ce qui lui plaist se sert en ses ouvrages
Et qui le sert ne peut encourir de naufrages :

A la honte des grands au vice apesantis
Il élève en honneur les faibles, les petits,
En faisant la faiblesse apparoistre immortelle,
Qu'on ne s'étonne donc si fille que je suis,
Je porte le cœur d'homme et plus qu'homme je puis.

Le monologue de Jeanne est remplacé par un monologue de Charles VII qui bientôt est interrompu par Baudricourt, appelé Baudrincourt par le poète. Ce chevalier vient annoncer au roi la venue de Jeanne. Alors a lieu entre le gouverneur de Vaucouleurs et Charles, un de ces rapides dialogues où chaque personnage ne prononce de suite qu'un ou deux vers se formulant souvent en maximes et dont on retrouve tant d'exemples dans Corneille. Qui sait ? à ses débuts l'auteur du *Cid* admira peut-être les œuvres dramatiques de son compatriote Nicolas Chrétien :

CHARLES.

Qu'une fille ait l'honneur de ce que tant d'héros
Effectuer n'ont pu? Cela n'est à propos.

BAUDRINCOURT.

Que Dieu ne puisse bien lui donner la puissance
De parfaire ce fait? Ce n'est hors de créance.

CHARLES.

Pourquoi nous feroit-il un si étrange bien ?

BAUDRINCOURT.

Pour montrer qu'il peut tout et les monarques rien.

CHARLES

Un fait contre nature est toujours rejetable.

BAUDRINCOURT.

Un fait contre nature est plus tost admirable :

CHARLES.

Il porte en lui souvent le mensonge inventé.

BAUDRINCOURT.

Ce qui de Dieu provient est plein de vérité...

CHARLES.

Pensez-vous que ce fait provienne de sa dextre ?

BAUDRINCOURT.

Je le croy pour divin en tous actes paroistre.

CHARLES.

Qui vous en fait juger ?

BAUDRINCOURT.

Le propos, la fierté
De la fille inspirée et sa simplicité.

CHARLES.

Un démon seroit bien auteur de cette ruse.

BAUDRINCOURT.

Il n'est point de démon qui ne trompe ou abuse.

2

Le roi se décide à recevoir Jeanne et l'éprouve par la substitution de personnes mises en scène tant de fois. La Pucelle inspire au roi une foi entière. Sans aucune indication de changement de lieu, nous nous trouvons ensuite dans le camp anglais où Talbot, Jean Pomard et Glasside s'enorgueillissent de leurs triomphes. Ce triomphe touche à sa fin. Jeanne l'annonce en six vers auxquels succèdent de grands événements résumés très laconiquement en trois mots « combat, siège levé ». L'intermède se termine par un monologue prophétique :

Ainsy nul étranger n'aura jamais puissance
D'assujettir les lis de la glorieuse France,
Qui servira toujours les rois bien fortunez,
Par elle secourus et dans son giron nez,
Gardant étroitement sa juste loy salique,
Ce support de ses rois et de sa république,
Et qui voudra contre elle entreprendre autre fois,
Sentira le malheur qu'ont senti les Anglois,
Car Dieu, le fondement des sacrés diadèmes,
Comme il les a fondés les conserve de mesme,
Rien ne te détruira, France, que tes seuls bras
Quand tes propres enfants t'empliront de combats,
Car à tous étrangers tu es ores sacrée,
Sans que ta gloire soit par leur fer massacrée;
Vis donc en doux repos que tu auras à plein
Sous un Henri-le-Grand autant vaillant qu'humain...

Après la pièce bizarrement composée de Nicolas

Chrétien, il s'écoula un temps assez long avant qu'un auteur dramatique songeât à remettre Jeanne d'Arc sur la scène, en France du moins, car en 1629 un Luxembourgeois, Nicolas Vernulæus, ou Vernulz, de son vrai nom, augmenta son recueil de tragédies d'une pièce inspirée par l'histoire de la Pucelle (*Joanna Darcia vulgo puella aurelianensis* (1). Ce Vernulæus était un écrivain d'une vive et puissante imagination ; professeur à l'Université de Louvain qui lui dut beaucoup de son éclat, conseiller et historiographe de l'empereur Ferdinand III, il a laissé des livres qui furent fort estimés et qu'on se rappellerait davantage s'ils n'étaient composés dans une langue morte. Cette langue Vernulæus la maniait, avec une aisance singulière ; il était doué d'une telle verve que, on l'assure du moins, qu'il écrivît des vers ou de la prose, jamais il ne raturait ni ne retouchait le produit d'un premier jet. Il peut y avoir de l'exagération dans une assertion pareille, cependant en lisant la *Jeanne d'Arc* de notre Luxembourgeois on s'aperçoit d'une extraordinaire facilité. Autant que

1. *Nicolai Vernulæi historiographi Regii et Cæsarei publici eloquentiæ professoris Lovanii Tragædiæ*: Lovani, typis Petri Sasseni, MDCLVI, 2 vol. in-12.

nous pouvons en juger, la pièce de Vernulæus est écrite en vers très élégants, souvent en beaux vers, mais il faut le reconnaître, l'idiome de Virgile, les expressions poétiques employées par lui, les comparaisons transmises par les modèles classiques, tout cet ensemble érudit et pompeux produit un effet singulier dans la peinture d'un épisode du moyen âge et lui donne un caractère à part. Les noms mêmes des personnages semblent bizarres : Betfortius, Talbotus, Pulengius ; on a quelque peine à deviner Culant sous Culsantus, Rais sous Rayus. Vernulz a du reste suivi assez fidèlement l'histoire pour que nous n'ayons pas besoin de donner une analyse minutieuse de sa tragédie. Le premier acte où interviennent Charles VII, Charles de Bourbon, l'amiral de Culant, le maréchal de Rais, un envoyé d'Orléans, fait connaître le lamentable état du royaume et se termine par l'annonce de la chute prochaine d'Orléans. Au second acte, Jeanne paraît, elle est accompagnée de Poulengy et d'un personnage que le poète désigne seulement par ce mot *Senex*, le vieillard, personnage qui d'ailleurs figure dans chaque scène où il ne prononce que quelques mots souvent sentencieux, et qui semblent un souvenir du chœur antique. Jeanne rappelle à Poulengy quelle est sa mission. Une ardeur guerrière enflamme son cœur. Elle qui se plaisait dans le fond des vallées, qui aimait à gravir le sommet des montagnes, à conduire les troupeaux dans les grottes profondes ou le long du murmure des rivières, elle a renoncé à cette existence paisible, elle a dit adieu à ses brebis. Elle écoutait avec plaisir les chants des oiseaux, elle n'a plus d'oreille que pour le retentissement de la trompette, que pour les grondements de l'airain. Elle va où Dieu l'appelle. Un casque charge sa tête, une cuirasse presse son sein. C'est entre les rudes soldats qu'il lui faut vivre désormais. C'est le Tout-Puissant qui lui donne la force et le courage. O France ! c'est la main d'une femme qui te vengera, qui te restituera ton ancienne splendeur, qui rendra à ton roi son sceptre ! Mais Jeanne s'effraie de son audace ; quoi ! elle réussirait dans une entreprise dont des héros ont désespéré : mettre en fuite les Anglais, les repousser d'une ville dont ils sont sur le point de s'emparer, les rejeter au delà de la mer, accomplir de tels prodiges, elle dont l'épée n'a jamais rempli les mains :

...Nec meas unquam manus
Implevit ensis...

Elle qui n'était habituée qu'au poids léger de la houlette ! Charles voudra-t-il ajouter foi à de si grandes promesses ? Jeanne engage Poulengy à la précéder près du roi, à le préparer à sa venue. Charles se décide à recevoir la vierge lorraine et ajoute foi à ses magnifiques promesses. Les victoires se suivent ; le roi est conduit à Reims, il y est sacré et plein de reconnaissance il anoblit Jeanne et sa race : « Vierge, lui dit-il, me souvenant de tes services, par cette autorité royale qui maintenant est la mienne, je fais nobles et toi et tes parents et tes frères et toute ta race. Que les signes de cette distinction soient l'épée, deux lis et la couronne supportée par la pointe du glaive. » (Scène VI, acte IV.)

On voit par cette courte citation dans laquelle les armoiries de Jeanne sont assez bien décrites, que Vernulaeus, s'il prêtait à Jeanne des discours d'une exaltation en désaccord avec son caractère et d'une emphase trop facile à rencontrer dans l'imitation des poètes classiques, accueillait aussi certains détails secondaires propres à donner plus de vérité à sa tragédie. Il cherchait encore à la rendre plus animée en plaçant sous les yeux des épisodes que d'autres se fussent bornés à raconter : le sacre de Charles VII ; des combats où les ordres des chefs se mêlent aux clameurs des soldats, etc. La prise de la Pucelle a lieu sur le théâtre :

JEANNE.

Par ici, soldats, suivez-moi. Il faut que le fer repousse au loin l'ennemi.

SUFFOLK.

Arrêtez-vous, serrez vos rangs, gardez vos retranchements.

JEANNE.

Soldats, accablez-les sous le fer, combattez ces bataillons, occupez vite le rempart.

LES FRANÇAIS.

Anglais, Anglais, cédez, fuyez.

TALBOT.

Résitez, soldats, arrêtez-vous, ne cédez pas le terrain. Voilà la Pucelle, soldats, soldats, saisissez-la.

UN SOLDAT ANGLAIS.

Pucelle, rends-toi, nos épées te coupent toute retraite.

JEANNE.

Mes compagnons où êtes-vous !

TALBOT.

Elle est prise, qu'elle donne son épée !

LES ANGLAIS.

La Pucelle est prise, nous sommes vainqueurs. La Pucelle est prise ! Les Français sont en fuite !

SUFFOLK.

O sort heureux ! le premier jour de triomphe ! Toute la France vaincue nous cèdera. O jour heureux ! Plus d'espoir, plus de salut pour la France ! Une femme nous avait arrêtés dans nos succès. Allez, hâtez-vous d'annoncer cette heureuse nouvelle à Bedfort (1).

Vernulæus qui se rappelait si bien le précepte d'Horace :

> Segnius irritant animos demissa per aurem,
> Quam quæ sont oculis subjecta fidelibus,

n'a pas cru cependant devoir montrer Jeanne sur le bûcher ; après un interrogatoire écourté et dans lequel on fait surtout à la Pucelle un crime d'avoir vêtu des habits d'homme, après quelques paroles sur la condamnation qui la frappe et sur les destins de la France, Jeanne suit Lucidas qui est chargé de la conduire au supplice et s'éloigne en prononçant ces mots : « Exécute les ordres que t'a donnés ton juge. Adieu, roi Charles, adieu, princes jadis mes compagnons d'armes ! Monde, adieu ! »

Chaque acte de cette tragédie finit par un chœur. Celui qui la termine et qui est chanté par les

1. Acte V, scène III.

jeunes filles de France est particulièrement remarquable. Il y règne un véritable enthousiasme pour l'héroïne à laquelle le poète promet une éternelle gloire.

On ne s'était guère occupé de Vernulz, lorsque cette étude, que nous complétons aujourd'hui, parut pour la première fois ; ce que j'avais dit du poète luxembourgeois frappa M. Antoine de Latour. A ma vive sollicitation, il entreprit de traduire la tragédie latine et réussit admirablement cette œuvre parfois fatigante (1). Il fit précéder sa traduction d'une remarquable dédicace adressée à Mgr Dupanloup, il y définissait avec une grande justesse le caractère d'une production trop peu connue. Elle est aujourd'hui à la portée de tous mes lecteurs, grâce à M. de Latour, si dévoué à la glorification de la bonne Lorraine.

Quel contraste entre la tragédie de Vernulz et la pièce que nous allons parcourir. Elle a un mérite, cependant, un seul, qu'elle n'aurait pas si elle était moins mauvaise. Nul libraire ne s'est

1. *Jeanne d'Arc, tragédie latine en cinq actes*, par Nicolas de Vernulz, édition nouvelle accompagnée d'une traduction française en regard et d'une dédicace, par M. Antoine de Latour. Orléans, Herluison 1880.

risqué à la faire réimprimer ; personne n'a pris soin de la conserver, elle est fort rare.

En l'an 1642, le libraire François Targa, demeurant à Paris, au premier pilier de la grand'salle du Palais, allait achever d'imprimer une pièce dont il ne connaissait pas l'auteur et portant ce titre : *Jeanne d'Arc, tragédie en prose, selon la vérité de l'histoire et les rigueurs du théâtre*, lorsqu'il fut poursuivi comme contrefacteur. Ce fut ainsi qu'il apprit de qui était l'œuvre dont une copie anonyme était tombée entre ses mains. Targa avait affaire à cet irascible abbé Hédélin d'Aubignac sur lequel Tallemant des Réaux nous a conté d'amusantes anecdoctes. L'affaire s'arrangea et d'Aubignac, raccommodé avec son éditeur, orna même sa pièce d'une préface dans laquelle il fait valoir toutes les beautés de son œuvre. Le docte abbé a eu beaucoup de peine à traiter son sujet sans violer les règles des unités, l'action se passe dans les vingt-quatre heures et le jour de la mort de Jeanne, les événements antérieurs sont rappelés tantôt par l'héroïne, tantôt par ses juges « qui parlent tous diversement pour donner adroitement à la Pucelle l'occasion de dire des choses agréables. » D'Aubignac avait pensé à faire intervenir des

Français comme ambassadeurs et députés, mais outre que cela aurait été contraire à l'histoire, « ce sont d'ordinaire de très mauvais personnages sur le théâtre » de même que les juges « qui sont tous mauvais acteurs, mal vestus, portant d'ordinaire une image ridicule de juges de village et ne paraissant que pour mal dire deux vers ». Quant à l'idée d'avoir rendu Warwick amoureux de Jeanne, d'Aubignac en paraît fort satisfait. C'est cet amour qui fait de la comtesse de Warwick une ennemie acharnée de la Pucelle. La noble dame est indignée de la passion de son mari : « Au moins, s'écrie-t-elle, si c'estoit une personne dont la naissance pust égaler la grandeur de sa débauche, la passion du comte seroit en quelque façon moins honteuse, mais est-il supportable qu'il me préfère une fille de naissance abjecte et simple bergère de la campagne ? sçait-il pas que c'est une sorcière, le jouet du Sabbat, et ce qu'elle a de plus excellent est ce qui la rend plus odieuse? »

Pendant que la comtesse s'efforce avec l'évêque de Beauvais, que d'Aubignac appelle Cauchon, de hâter la mort de la prisonnière, Warwick prépare pour elle un projet d'évasion, mais Jeanne refuse d'en profiter. De terribles châtiments vengent la Pucelle ; quand au cinquième acte Talbot, qui avait montré pour elle des sentiments de pitié, vient raconter à Warwick que l'exécution du jugement a eu lieu, la comtesse saisie d'un affreux remords perd soudain la raison, plusieurs juges sont frappés par la colère divine, l'un deux est attaqué de la lèpre et Canchon ne rentre sur la scène que pour y mourir :

CANCHON.

Mon Dieu! je suis mort, un trait invisible me vient de percer le cœur (*il tombe*).

LE COMTE DE WARWICK.

Prompt et merveilleux effet des prédictions de la Pucelle!

LE DUC DE SOMMERSET.

Il a sansdoute perdu la vie.

LE COMTE DE WARWICK.

Craignons maintenant pour nos enfants.

LE DUC DE SOMMERSET.

Ah! comte, je vois bien que nous avons failly, et que pour les feux de joie que nous fîmes dans Paris à la prise de cette fille, sa mort allumera bien des flambeaux dans toutes nos provinces...

Nous ne savons quel fut au théâtre le destin de cette pièce. Il paraît, d'après son éditeur, François

Targa, que les acteurs jouèrent très mal, ils savaient à peine leur rôle et l'on n'avait fait que peu de frais pour la mise en scène. « Au lieu de faire paroistre un ange dans un grand ciel dont l'ouverture eust fait celle du théâtre, ils l'ont fait venir quelquefois à pied et quelquefois dans une machine impertinemment conduite. Au lieu de faire voir dans le renfondrement et en perspective l'image de la Pucelle au milieu d'un feu allumé et environné d'un grand peuple comme on leur en avait enseigné le moyen, ils firent peindre un méchant tableau sans art, sans raison et tout contraire au subjet... Et au lieu d'avoir une douzaine d'acteurs sur le théâtre pour représenter l'émotion des soldats contre le conseil au jugement de son procès, ils y mirent deux simples gardes qui semblaient plus tost y estre pour empescher les pages et les laquais d'y monter que pour servir à la représentation d'une si notable circonstance de l'histoire. »

Cette piètre production de l'abbé d'Aubignac eut, peu après son apparition, l'honneur d'être mise en alexandrins qu'on avait cru être de Colletet, qu'on attribua aussi à Benserade et qui probablement sont de La Mesnardière (1), point du reste qui ne

1. *La Pucelle d'Orléans*. A. de Sommaville et Augustin Courbé, 1642.

vaut pas la peine d'être discuté. Cette pièce, jouée sur le théâtre du Marais en 1642, ne diffère de celle dont nous venons de parler que parce qu'elle est en mauvais vers au lieu d'être en mauvaise prose.

La pièce de d'Aubignac est détestable, mais n'eût-elle que le mérite de la rareté, elle aurait dû encore nous arrêter un instant. On y a essayé pour la première fois d'écrire sur Jeanne d'Arc une œuvre conçue d'après les strictes règles attribuées à Aristote. A d'Aubignac se rattachent donc, à leur insu, et ils auraient été peu fiers de leur généalogie, les poètes qui, tandis que Schiller et ses nombreux imitateurs faisaient mourir une fausse Jeanne d'Arc dans des événements imaginaires, essayèrent de traiter ce magnifique épisode avec autant de scrupules classiques que s'il se fût agi de mettre dans les trois unités une Judith ou une Clélie, et tentèrent d'enfermer une si glorieuse existence dans vingt-quatre heures de prison. Une autre remarque à faire à propos de d'Aubignac : au XVIIe siècle, ce sont nos auteurs les plus décriés qui ont montré le plus de tact dans le choix de leurs sujets. Ils aperçurent dans le moyen âge ce que Corneille n'y sut trouver qu'en regardant du côté de l'Espagne, ce que n'y virent ni Racine, ni Boileau. Comme d'Aubignac,

Scudery, Chapelain, des Marets, le Père Le Moyne comprirent quel intérêt pouvaient offrir des faits nationaux. Malheureusement le génie ne fut pas avec eux et ces souvenirs de la patrie ne gagnèrent qu'un long discrédit, qu'une sorte de ridicule à des tentatives avortées.

Déjà deux fois nous avons vu des poètes étrangers traiter avec des intentions fort différentes l'admirable épisode de Jeanne d'Arc. On peut croire qu'un des plus illustres auteurs dramatiques de l'Espagne voulut aussi s'emparer de ce beau sujet. On trouve dans la liste des œuvres de Lope de Vega ce titre *Juana de Francia*. L'héroïne de cette pièce était-elle Jeanne d'Arc? M. de Latour, dans un curieux article dont nous allons profiter (1), le croit et appuie son opinion sur diverses considérations auxquelles nous nous permettrons d'ajouter un mot. Jeanne d'Arc paraît avoir toujours excité la sympathie des Espagnols. Un de leurs écrivains, resté inconnu, a écrit sur elle un roman dénué de tout mérite et devenu très rare. L'œuvre est détestable sans doute, mais prouve bien néanmoins l'intérêt que l'héroïne avait excité au delà des Pyrénées.

1. *Revue britannique* du 10 octobre 1875: *Jeanne d'Arc sur la scène espagnole.*

Dans ce roman qualifié de chronique, Jeanne est appelée la *Poncela de Francia*, de cette appellation à celle de Jeanne de France, il n'y a que bien peu de différence (1). Cette pièce de Lope de Vega s'est perdue, à moins que ce ne soit celle dont nous parle M. de Latour. Celle-ci, à la vérité, porte comme nom d'auteur celui d'Antonio de Zamora, mais Zamora pourrait s'être borné à remanier le drame de Lope comme il remania le *Convive de Pierre* de Tirso de Molina. Quoi qu'il en soit, la *Pucelle d'Orléans* attribuée à Zamora eut un long succès : imprimé en 1721 on la jouait encore en 1763. Nous ne ferons pas de cette pièce très compliquée une analyse que l'article si bien fait de M. de Latour nous semble rendre inutile. L'auteur s'est donné toute latitude pour arranger les événements à son gré. Est-ce Agnès Sorel qui, sous le nom d'Inès, est devenue une Anglaise acharnée à la perte de Jeanne dont, guerrière aussi, elle finit par s'emparer et qu'elle livre à ses compatriotes? Ce trait seul prouverait le peu de respect du poète pour une histoire que d'ailleurs il ne devait guère connaître. On

1. Voir sur ce livre mon article : *La chronique espagnole de la Pucelle*, publié dans la *Revue des questions historiques* du mois d'avril 1881.

comprend cependant très bien ces paroles de M. de Latour : « Franchement quand j'ai, pour la première fois ouvert le volume, j'attendais moins que je n'ai trouvé. » On trouve, en effet, dans le drame de Zamora bien des traits qui rappellent heureusement la bonne Lorraine. Quant au dénouement que nous rencontrerons plus tard dans une pièce française, il s'éloigne de la vérité, mais il est pathétique : Charles VII arrive trop tard pour sauver la Pucelle, il la trouve expirante et elle achève de mourir dans ses bras.

Tout en reconnaissant que l'histoire donne à cette conclusion un éclatant démenti, M. de Latour la regarde, avec bien de la raison, comme préférable à celle de Schiller. La Jeanne d'Arc espagnole est vraiment beaucoup moins loin de la vérité que la *Jungfrau von Orléans* (1802). Ce n'était pas cependant la connaissance exacte des faits qui manquait au poète allemand, il avait à sa disposition les documents historiques qui durent si complètement faire défaut au poète Castillan, mais il s'en est moins préoccupé que de la *première partie de Henri VI*, de Shakspeare. C'est ce souvenir qui lui a été funeste, qui a pour lui altéré la vraie physionomie de Jeanne, et à son tour il a transmis une inspiration mauvaise émanant de Shakspeare lui même. Où cette inspiration est bien visible, c'est dans cette accusation de sorcellerie que dans la pièce allemande aussi, le père porte contre sa fille. Nous retrouverons plus tard ailleurs cette déplorable conception. Les préventions du poète anglais ont transformé la belle et chaste figure de Jeanne aux yeux de Schiller. Celle-ci, dans nos chroniques, ne devient sublime que par une inspiration céleste contre laquelle elle se débat. Jusqu'à ce que Dieu l'ait soumise à ses volontés, c'est une jeune fille timide et craintive, elle rougissait lorsqu'on lui parlait, elle se troublait au point de ne pouvoir répondre et plus tard, au milieu des combats, elle resta bonne et compatissante, ne se servant pas de son épée pour frapper, craignant de répandre le sang. Il y avait là un contraste dont Schiller ne comprit pas la beauté. S'il n'envoie pas sa Jeanne d'Arc aux fêtes du Brocken, il en a du moins fait une sorte de virago, il l'a douée d'un courage inné qui atténue singulièrement les prodiges de sa mission. Presque enfant, elle a arraché un agneau à un loup, c'est la vue d'un casque trouvé par hasard qui excite son enthousiasme guerrier. Elle se plaît dans le carnage, dans le tumulte des batailles, elle tue sans pitié un Anglais qui lui demande grâce, elle est aimée de Dunois, qu'Agnès Sorel voudrait lui faire épouser ! elle perd son pouvoir en s'abandonnant à un subit amour pour Lyonel. Schiller renverse même le bûcher de Rouen, c'est après un combat où elle retrouve pour un instant sa puissance première que la Jungfrau blessée, mais victorieuse, meurt enveloppée des plis de son drapeau. A cette espèce de Clorinde il ne reste plus rien de la grande et touchante Jeanne du *procès de condamnation* et du *procès de réhabilitation*. Elle, dont la vie fut si chaste, se montre là pleine d'égards et d'affection pour Agnès Sorel que, par un anachronisme trop imité, Schiller met en présence de la Pucelle. Celle-ci finit par dire à la maîtresse de Charles VII : « Tu es sainte, tu es pure ! »

Du bist die Heilige ! du bist die Reine !

Chapelain, lui, était plus dans la vérité des caractères quand il mettait dans la bouche de Jeanne interpellant Agnès, ce vers d'ailleurs si étrange :

Éloigne de ce camp ton agréable peste !

C'est peut-être de Chapelain du reste que part l'antithèse trop répétée entre Jeanne et Agnès Sorel.

Il fallait que la figure de la Pucelle fût bien obscurcie pour qu'on s'enthousiasmât autant du drame de Schiller ; mais on avait vraiment oublié ce qu'avait été Jeanne d'Arc et, après le sacrilège de Voltaire, la tragédie allemande pouvait sembler une réhabilitation. Cette tragédie renferme d'ailleurs de beaux vers, des scènes émouvantes, elle est animée souvent par une puissante inspiration, mais le grand tort du poète fut de vouloir couvrir la magnifique légende de combinaisons théâtrales très vulgaires. Il faut bien le reconnaître, ce titre de *romantische tragœdie* ne cache, à vrai dire, qu'une charpente de mélodrame. On est forcé de convenir que non seulement les anachronismes foisonnent dans cette œuvre, que non seulement le caractère de Jeanne y a été profondément altéré, mais qu'autour d'elle des personnages faux y usent d'une langue ampoulée. Que de sarcasmes — au beau temps du romantisme — n'eût-on pas eus pour Racine s'il avait fait parler à un paysan de Domremy *des peuples qui habitent l'heureux Brabant*, des citoyens qui, dans l'*opulente cité de Gand*, *s'enorgueillissent de leurs vêtements de soie* et même *des contrées voisines des glaces du pôle.* Tout imparfaite qu'elle soit, cette tragédie de *Jeanne d'Arc* a exercé sur notre scène une bien longue influence. Mais avant de nous occuper des traductions et des imitations qui furent faites de la pièce allemande, nous avons à revenir un peu sur nos pas.

En 1778, Jeanne d'Arc figure dans une pantomime en trois actes, en 1786 dans un mélodrame en vers resté, je le crois, inédit, ayant pour acteur Plancher Valcourt et qui fut joué à Orléans. Quatre ans plus tard, un homme inconnu comme poète, mais qui devint général et fut guillotiné en 1795, Ronsin, présenta au Théâtre-Français une tragédie dont l'histoire de la Pucelle avait fourni le sujet. En 1790 encore on donna sur le théâtre des *Délassements-Comiques* une *Jeanne d'Arc* en quatre actes et en vers par Mercier. Cette *Jeanne d'Arc* n'a pas été, que je sache, publiée et j'ignore si le Mercier dont il s'agit est celui qui plus tard, assis sur une borne, devait écrire le *Tableau de Paris.* Ce qui empêche de le supposer, c'est que ce dernier détestait les vers ; ce qui pourrait faire pencher pour l'affirmative, c'est qu'il professait une vive admiration pour Jeanne d'Arc. Ce fut cette admiration qui porta Mercier à prendre sous sa protection une traduction du drame de Schiller faite par Ch. Fr. Cramer et publiée en 1802. Mercier fit précéder cette traduction d'une préface dont la fin est bien singulière. Il se proposait de revenir sur « des faits qui, dit-il, mettront dans tout leur jour les vertus héroïques de cette fille extraordinaire qui, si elle eût vécu de nos jours — ajoute-t-il — fidèle à la cause et au cri du peuple, aurait marché avec nous à la prise de la Bastille et à la destruction d'un trône terriblement entaché de trahisons et de sanglants parjures ». Jeanne changée en Théroigne de Méricourt! La pièce au sujet de laquelle avait été écrite cette phrase servit en 1814 à la réaction royaliste. La prose de M. Cramer fut imitée en vers par M. Avril, de Grenoble, sous ce titre : *Le Triomphe des Lis* (1). M. Avril a du reste pris passablement de liberté dans cette imitation. Il a supprimé le prologue de Schiller et a fort modifié le cinquième acte ; ne voulant ni faire mourir Jeanne d'Arc sur le bûcher, ni suivre Schiller dans son dénouement, il n'a rien trouvé de mieux que d'escamoter l'héroïne. Charles vient d'être sacré, la belle Agnès presse vivement la Pucelle

1. *Le Triomphe des Lis. Jeanne d'Arc ou la Pucelle d'Orléans.* Pris, Bacot, libraire au Palais-Royal, 1814.

de donner sa main soit à Dunois, soit à La Hire et Jeanne paraît fort indécise, puis tout à coup elle s'écrie :

> ..., Sire, ma mission
> Est à présent finie... une voix qui m'appelle
> Me dit : tu vas quitter ta dépouille mortelle.

Après avoir prononcé ces mots, *elle laisse aller son drapeau qui tombe à ses pieds ; elle-même tombe sur l'étendard, un nuage lumineux descend* et quand il se dissipe... plus rien. Alors l'évêque de Reims adresse au roi ces mots qui terminent la pièce :

> Je vous l'avais bien dit, c'est un ange du ciel
> Qui va reprendre place auprès de l'Éternel.

En 1815, le drame de Schiller fut derechef translaté en prose française ; en 1839, il le fut de nouveau en vers ; en 1844, en prose ; en 1846, en vers ; enfin, la *romantische tragœdie* a naturellement pris place dans les diverses traductions des œuvres dramatiques de Schiller et a inspiré encore quelques imitations que nous rencontrerons, chemin faisant.

Pendant que la Jeanne d'Arc allemande obtenait

ce succès, d'autres Jeanne d'Arc firent leur apparition sur différents points. Nous n'avons pas à tenir compte d'une pantomime en trois actes, à grand spectacle, contenant les exploits, les amours (*sic*), le supplice et l'apothéose de la Pucelle, par J.-G.-A. Cavalier, représentée sur le théâtre de la Gaîté, le 23 germinal, an XI. Nous ne connaissons que par le catalogue de l'abbé Beauregard une *Mort de la Pucelle d'Orléans*, tragédie en cinq actes et en vers, par M. Caze, sous-préfet de Bergerac (1805) (1). Sous le même titre, deux ans plus tard, le 8 mai, anniversaire du jour où Orléans fut délivré, on joua sur le théâtre de cette ville une pièce qui fut bien accueillie. L'auteur de cette œuvre est aujourd'hui fort oublié. Il s'appelait Dumolard. Né en 1771, il vécut jusqu'en 1845. Il fut en rapport avec beaucoup de littérateurs, Collin d'Harleville, Andrieux, Picard. Divers théâtres de Paris jouèrent ses pièces (2). C'est dans l'une d'elles : *le Mari instituteur*, qu'Odry fit ses premières armes à la Porte-Saint-Martin. Dumolard avait écrit une *Mort de*

1. Est-ce l'auteur d'un livre intitulé *La Vérité sur l'histoire de Jeanne d'Arc*, 2 vol., 1819?

2. Elles ont été réunies sous le titre de *Théâtre de M. H. F. E. Dumolard* et publiées en un vol. Paris, Ladvocat, 1834.

Bayard qui fit un certain bruit, non parce qu'elle fut représentée, mais au contraire, parce qu'elle ne le fut pas. Sous l'Empire, les censeurs s'opposèrent à ce qu'on mît sur la scène un Bourbon, quoique ce fut le connétable. Sous la Restauration, les mêmes censeurs, ou a peu près les mêmes, s'opposèrent à ce qu'on mît sur la scène un Bourbon, parce que c'était le connétable. Dumolard donne ces détails et bien d'autres dans des préfaces pleines de bonhomie et très différentes des préfaces manifestes de nos jours. Il nous y parle de toutes ses petites affaires, de l'honneur qu'il eut, par exemple, après le succès de sa *Jeanne d'Arc*, de dîner entre le général commandant la division et M. le maire d'Orléans. Mais que Dumolard quitte ses pantoufles pour chausser le cothurne, on ne le reconnaît plus : il devient aussi guindé que les poëtes alors les plus en renom. Sa pièce n'est, d'ailleurs, pas plus mal versifiée que bien d'autres tragédies de même temps, mais elle est vide d'action. L'évêque de Beauvais et Isabeau veulent perdre la Pucelle, le duc de Bourgogne et Talbot veulent la sauver; ce qu'il y a là de plus nouveau et de très imprévu, c'est le moyen par lequel Talbot veut parvenir à ce résultat : il ne voit rien de mieux que de proposer à Jeanne de passer au service des Anglais et de prendre parmi eux un époux ; il est lui-même tout disposé à se présenter comme tel :

> Si du temps destructeur l'inévitable trace
> N'eût chassé de mon front la jeunesse et la grâce,
> J'eusse osé d'un tel choix envier le bonheur
> Et si quelques lauriers cueillis au champ d'honneur
> Pouvaient....

Quoique Jeanne repousse de telles offres, Talbot ne cesse point de lui montrer une vive sympathie, mais Isabeau réussit à faire livrer la Pucelle à la justice séculière. On apprend par un récit que le duc de Bourgogne est arrivé trop tard pour arracher l'héroïne aux flammes et que cette mort funeste ramène le prince égaré sous la bannière de Charles VII.

Au beau rôle donné au duc de Bourgogne, on peut, dans cette pièce, reconnaître une lointaine influence exercée par le drame de Schiller. Ce drame eut une action bien plus grande sur une *comédie héroïque* (1), que M. Maurin fit imprimer

1. *Jeanne d'Arc ou le Siège d'Orléans*, comédie héroïque à grand spectacle en trois actes et en vers, par M. Maurin. A Metz, chez Lamort, imprimeur, rue derrière le Palais. 1809, in-8°.

à Metz en 1809. M. Maurin s'était proposé d'accommoder la tragédie romantique aux règles de notre théâtre, tout en ne s'écartant pas de l'histoire. C'étaient là de bonnes intentions qui n'ont guère été réalisées. M. Maurin n'a fait qu'abréger la pièce allemande et inventer un dénouement où les conceptions de Schiller se trouvent mêlées à un vague souvenir de la fin de Jeanne d'Arc. La Pucelle vient d'être faite prisonnière aux environs d'Orléans, elle est amenée au camp anglais. Isabeau qui s'y trouve la reconnaît; à ce nom redoutable *les soldats reculent d'effroi et présentent leurs bayonnettes* (Shakspeare a bien parlé de canons dans son Jules César). Talbot et Isabeau décident qu'il faut faire expier à Jeanne ses victoires. Lionnel adresse à la Pucelle à peu près les mêmes propositions que Dumolard a mises dans la bouche de Talbot. Jeanne lui répond avec indignation. On hâte le jugement et l'exécution. A peine Jeanne a-t-elle péri que les Français pénètrent en vainqueurs dans le camp anglais. Isabeau, d'un geste de triomphe, montre à Charles VII le bûcher encore fumant. Ce qu'il y a de singulier, c'est que ce dénouement ressemble beaucoup à celui de la pièce espagnole dont nous avons précédemment parlé et que M. Maurin ne devait probablement pas connaître. Mais, on le sait, les beaux esprits se rencontrent et M. Maurin était un bel esprit, on le voit de reste dans tous les tendres propos qu'il fait débiter par Agnès Sorel, un des personnages de sa *comédie héroïque* qu'il a certainement le plus soignés.

Il n'y a rien du tout de Schiller dans *Jeanne d'Arc, fait historique en trois actes mêlé de couplets* par MM. Dieulafoy et Gersin. J'ai lu jadis cette pièce qui fut représentée, le 24 février 1812, sur le théâtre du Vaudeville et ne regrette pas de ne l'avoir plus sous la main. Il n'eut plus manqué vraiment que de faire chanter à l'évêque de Beauvais un couplet sur le vieil air si connu : *Tenez, moi je suis un bonhomme.*

Inutile, ce nous semble, de nous occuper de quelques pièces de circonstance où en 1815 intervint le souvenir de la Pucelle : *Les soucis de Jeanne d'Arc*, la *Maison de Jeanne d'Arc*... Arrivons à l'année 1819 où la tragédie de d'Avrigny (1), obtint un grand succès au Théâtre-Français. Ecrite en vers pompeux, entièrement écrite en beaux vers, sui-

1. *Jeanne d'Arc à Rouen*. Ladvocat, 1820.

vant Hoffman, bien indulgent cette fois, rimée avec une richesse peu commune à cette époque, cette tragédie produisit une très vive émotion. Son héroïne toutefois n'est pas la Jeanne d'Arc de l'histoire; le caractère simple et naïf de la jeune fille a entièrement disparu. Nous avons affaire, à une tragédie classique dans toute la force du terme. Les cinq actes se passent à Rouen et sont en partie remplis par le procès, mais le poète n'a pas été assez hardi pour rien reproduire des réponses souvent admirables de la Pucelle. Il ne peut d'ailleurs exister aucune incertitude sur le dénouement retardé, entravé par la pitié du duc et de la duchesse de Bedfort et par les négociations de Dunois. Ces alternatives d'un espoir qu'on sait ne pouvoir être réalisé ne suffisent pas pour triompher de la monotonie d'une situation trop prolongée. Un ordre fatal que Warwick a réussi à soustraire à Bedfort et dont il se hâte d'user sans l'assentiment du duc, amène le dénouement dont Talbot vient faire le récit.

Un autre poète, resté peu connu, fut moins timide que d'Avrigny dans une tragédie qui, reçue au théâtre de l'Odéon en 1824 (1), fut ensuite sacrifiée

1. Marchand du Breuil, 1825.

à l'œuvre d'un auteur plus célèbre, Alexandre Soumet. Dans cette pièce qui se passe aussi tout entière à Rouen et qui se rapproche plus de l'histoire que celle de d'Avrigny, M. Nancy essaya de montrer une Jeanne d'Arc moins emphatique, moins belliqueuse, il tenta le premier, dans des alexandrins d'une facture encore trop solennelle, d'exprimer quelques-unes de ces vives et nettes répliques par lesquelles, tant de fois, la Pucelle confondit ses subtils persécuteurs :

> Lorsque des saints autels bravant la majesté
> Valois osa dans Reims y prendre la couronne,
> Votre étendard en main vous étiez près du trône?
> — J'ai mérité l'honneur qu'on m'ose reprocher
> Et qui relève un trône a droit d'en approcher.
> ..... — Par des accents magiques,
> Vous saviez exalter vos guerriers fanatiques?
> — Je leur disais : entrez au milieu des Anglais
> Et ma bannière en main devant eux j'y courais...

Le souvenir du drame de Schiller a pu aider M. Nancy dans la création de son duc de Bourgogne. Le rôle de ce personnage a pris plus d'importance encore dans la tragédie de Soumet (1), et ce n'est malheureusement par la seule réminis-

1. Paris, Barba, 1825.

cence que cette pièce offre de la tragédie de Schiller. L'œuvre de Soumet est écrite avec facilité, avec éclat souvent, et il y règne un certain mouvement, mais cet intérêt est dû à de maladroites combinaisons. C'est au drame allemand qu'est empruntée cette accusation de sorcellerie que le père de Jeanne d'Arc porte contre sa fille. Hermangart — qui remplace Pierre Cauchon — s'est rendu à Domremy, il y a vu Jacques d'Arc et lui a persuadé de dénoncer sa fille comme abusée par la magie ; il a réussi à lui représenter cette dénonciation comme un moyen de salut pour la Pucelle. Jeanne apprend avec horreur que son père est devenu son accusateur. Adhémar qui console et soutient la captive, obtient que Jacques soit entendu, une partie de la vérité se découvre et Hermangart ne compte plus pour perdre Jeanne que sur le duc de Bourgogne, mais celui-ci touché, comme dans Shakspeare et dans Schiller, par l'éloquence de la Pucelle, non seulement déclare qu'il abandonne le parti des Anglais, mais qu'il veut combattre pour leur plus redoutable ennemie ; il demande le jugement de Dieu et sa défaite, qui ne laisse pas de froisser les sentiments des spectateurs, amène la condamnation de Jeanne qui, sous les robustes traits de Mlle Georges et ensuite sous ceux de Rachel, montait au bûcher et mourait au milieu des flammes en agitant sa bannière et en déclamant des vers sonores.

Je pense que mes lecteurs ont compris que je ne mesure pas mes appréciations à l'importance des œuvres dont j'ai à les entretenir. Plus ces œuvres sont connues ou faciles à connaître, moins je dois m'y arrêter. Voilà ce qui explique pourquoi j'ai consacré moins de lignes à d'Avrigny et à Soumet que je n'en accorderai à M. J.-C. de Hédouville. La grande recommandation de celui-ci est que c'est pour moi une toute nouvelle connaissance. M. de Hédouville a prétendu écrire une Jeanne d'Arc (1) conforme à l'histoire. Si entre la coupe et les lèvres il y a place pour un malheur, entre le projet et l'exécution il y a place pour bien des mécomptes. Rarement l'histoire a été plus faussée que dans la tragédie de M. de Hédouville. Schiller avait rendu Dunois amoureux de Jeanne, M. de Hédouville a suivi cet exemple. Dunois qui vient à Rouen dans l'espoir de sauver la Pucelle, qu'il appelle toujours très respectueusement ma-

1. Paris, Adrien Leclerc, 1829.

dame, l'avait déjà demandée en mariage après la cérémonie du sacre, mais il a un rival dans la personne de Bedfort. La jalousie, telle est la passion qui pousse le duc à livrer Jeanne à ses juges. Il se repent ensuite de l'avoir abandonnée. Ligny vient l'annoncer à Warwick, il lui déclare que Bedfort révoque un fatal arrêt :

.....Il est scellé du sceau royal,

s'écrie Warwick.

Il ne l'est pas du sceau de l'amour...

répond Ligny. Le duc paraît lui-même, il demande où est Jeanne ; dans ce moment on entend une grande rumeur et un héraut, Guyenne, raconte dans un style pompeux que Jeanne vient de subir une horrible mort :

Sur cette grande place où nos riches colons,
Viennent contre notre or échanger leurs moissons.

L'auteur appartenait, on le voit, à cette école poétique où le mot épingle était traduit par cette périphrase :

Ces dards légers par la mode inventés.

M. d'Hédouville faisait d'ailleurs les vers avec facilité. Mais quelquefois il avait trop ou pas assez de mémoire. On raconte que Piron soulevait de temps en temps son bonnet, tandis qu'un jeune homme lui lisait une de ses œuvres et que, comme le lecteur finit par se troubler de ce geste tant de fois répété « Il faut toujours être poli, lui dit Piron — je salue des personnes de connaissance, Rotrou, Corneille, Racine. » On pourrait assez souvent imiter la courtoisie de l'auteur de la *Métromanie* en parcourant l'œuvre de M. de Hédouville et notamment au dénouement de sa pièce saluer d'Avrigny.

Tandis que les poètes tragiques s'occupaient ainsi de Jeanne d'Arc, les faiseurs de livrets songèrent de leur côté à tirer parti de sa touchante et glorieuse histoire. En 1790, Desforges avait donné sur le théâtre italien une *Jeanne d'Arc* dont la musique fut le début de Rodolphe Kreutzer. Cette pièce ne fut pas imprimée, mais M. Chouquet nous en a dit le sujet dans de curieuses recherches publiées à la suite du livre de M. Wallon. « Agnès, à l'instigation de Dunois, feignait de quitter le roi, et Charles VII, stimulé par le désir de plaire à sa maîtresse, volait à la bataille, armait Jeanne d'Arc, puis recourait à l'épée de la vierge héroïque pour délivrer Agnès tombée au pouvoir des Anglais et faire lever le siège d'Orléans (1). » En 1793, Andréossi composa la musique d'un poème lyrique joué à Venise. En 1821, MM. Théaulon et Armand d'Artois firent représenter sur le théâtre de l'Opéra-Comique la *Délivrance d'Orléans*, musique de Carafa. Cinq ans plus tard, un Anglais, Fitz-Ball, choisit la Pucelle pour héroïne d'un opéra qui nous est resté inconnu. L'année suivante, Jeanne fournit le sujet d'une pièce italienne que Vaccai ne put, à l'exemple de Lulli, *réchauffer* des sons de sa musique. En 1830, le 12 mars, la Scala donna une autre *Giovanna d'Arco*. Quoique chantée par Tamburini, Rubini et Mme Lalande, elle obtint si peu de succès que l'auteur de la partition, Jean Pacini, malgré de nombreux triomphes précédents, renonça pour toujours au théâtre. M. Chouquet nous apprend qu'en 1841, M. Vesque de Puttlingen fit représenter à Vienne un opéra sur Jeanne d'Arc. La Scala oubliant l'échec de Pacini, accepta, en 1845, une nouvelle *Giovanna d'Arco*, celle-là de Verdi ; elle fut chantée à Paris en 1868. Je n'en ai pas entendu la musique, mais j'en connais le libretto

1 P. 491.

écrit par Temistocle Solera. Il procède encore de la pièce de Schiller sur les inventions duquel le poète italien a renchéri. Jeanne y chante un long duo d'amour avec Charles VII, à la grande satisfaction d'un chœur de *spiriti malvagi*. Afin de n'avoir pas à revenir à ce genre de production dramatiques, ajoutons qu'en 1852 il a paru à Montpellier JEANNE D'ARC, *grand opéra en cinq actes, par Nouguier père, avocat à Paris* (1). L'auteur dit dans sa préface qu'il ne se flatte pas d'avoir pleinement réussi ; il a raison, — mais il ose croire que tel qu'il ce poème auquel il a apporté tout le soin possible, inspirera un doux intérêt, même à la seule lecture. J'avoue que ce doux intérêt je ne l'ai pas éprouvé. Au reste, M. Nouguier n'a point trop défiguré l'histoire, il y a pourtant quelques reflets de Schiller dans son œuvre, l'inévitable Agnès, le *beau* Dunois amoureux de Jeanne. M. Nouguier n'a pas eu l'occasion de se répéter la phrase de Figaro : « Ce qui ne vaut pas la peine d'être dit, on le chante. » Sa pièce n'a séduit aucun compositeur. Elle est cependant beaucoup moins mauvaise qu'une *Jeanne d'Arc* dont Duprez fit la musique, et qui est l'œuvre d'un écrivain d'un certain renom, de Méry. Celle-ci

1. Montpellier. Boehm 1852.

peut légitimement prendre place au milieu des plus piètres productions auxquelles on ait attaché le nom de la Pucelle. C'est une succession de scènes décousues que ne relie guère l'amour que Lionel éprouve pour Jeanne — encore un souvenir de Schiller. A la fin, ce misérable Lionel, déguisé en moine, finit par découvrir le secret de la Pucelle ; il croyait être haï d'elle, il en est aimé, mais Jeanne reconnaissant le faux moine, se précipite sur son épée. C'est tout ce qu'il fallait à ses ennemis, ils pénètrent dans la prison et déclarent que la Pucelle est revenue à ses erreurs ; Lionel se fait tuer en voulant la défendre ; au cinquième acte le bûcher ne suffit pas pour réchauffer cette œuvre fastidieuse, aussi mal conçue que mal écrite. Méry était tout au moins un versificateur très habile, on ne le reconnaît pas dans des vers dont pas un seul n'est à citer et qui n'offrent souvent que des assonances. Cette *Jeanne dArc* tomba avec éclat, le 3 octobre 1865, sur le Grand Théâtre Parisien (1), dont elle devait fêter l'inauguration.

Pour en finir avec les opéras qui ont encore été moins favorables à Jeanne d'Arc que les tragé-

1. Miche Lévy, 1865.

dies, un mot sur l'œuvre de M. Mermet. L'académie nationale de musique avait compté sur un succès qu'elle n'obtint pas, on le sait. L'œuvre dans laquelle M. Mermet avait voulu se montrer comme compositeur et comme poète n'eut que quelques représentations. C'est du librettiste seul que j'ai a m'occuper ici. Le premier acte se passe à Domremy. A droite l'arbre des fées, qui est à deux kilomètres du village, à gauche la maison de Jacques d'Arc. La Pucelle s'émeut en pensant aux malheurs de la France. Un personnage du nom de Richard, âme damnée d'Isabeau de Bavière, apparaît en compagnie de Gaston de Metz, lequel s'éprend de Jeanne et semble une réminiscence du Lionel de Méry ou plutôt de Schiller, cet illustre père des grandes bévues commises au sujet de la Pucelle. La venue de Richard et de Gaston de Metz est d'ailleurs peu expliquée. L'acte II nous introduit à Chinon où nous rencontrons l'inévitable Agnès roucoulant des duos avec Charles VII. Venue, comme dans Schiller, de messagers d'Orléans, présentation de Jeanne au roi, etc., etc. Le premier tableau de l'acte III nous montre le camp de Jeanne d'Arc. Agnès y arrive escortée d'un astrologue et de Richard. Celui-ci expose à la favorite que Jeanne n'est qu'une aventurière suscitée par l'Enfer, qu'une femme perdue, maîtresse de Gaston de Metz. Cette accusation impressionne vivement Agnès, car depuis longtemps elle est tentée de faire une infidélité à son royal amant en faveur de ce Gaston. Ce qui semble autoriser ses soupçons, c'est qu'un peu plus tard elle aperçoit Gaston à genoux devant la Pucelle qui, sortie de sa tente, s'est endormie sur un banc. Le second tableau de ce troisième acte est consacré à des ballets et autres divertissements auxquels s'arrachent les guerriers de Charles VII, en chantant :

Le roi l'ordonne, Orléans nous appelle
Partons, délivrons Orléans !

L'acte IV nous fait assister au dévouement de Gaston, qui, se rappelant la mort du Lionel de Méry désolé d'avoir compromis celle qu'il aime et vénère, se fait tuer en la sauvant d'un piège où l'avait entraînée le perfide Richard. Un changement de décoration nous offre ensuite l'intérieur de la cathédrale de Reims, au moment du sacre. Charles s'oppose à ce que Jeanne le quitte, elle cède aux ordres du roi et pourtant une vision sinistre lui fait voir la place de Rouen et le bûcher sur lequel elle doit périr. Ainsi finit le livret. Il y a de singuliers vers dans cette pièce, comme ces deux ci mis dans la bouche du méchant Richard:

> Son œil de flamme
> Glace mon âme...

Mais laissons les *libretti* (1) pour revenir à des œuvres qui nous semblent appartenir plus réellement à notre sujet. En 1832, nous rencontrons un drame en prose de M. Henri Millot (2). Il a un mérite : il n'offre point de traces de Schiller et se rapproche de l'histoire dont les œuvres précédentes s'étaient si fort éloignées ; il a un grand défaut: le style. On croit lire une parodie quand on voit Charles VII dire en parlant de l'insistance de la Pucelle: « C'est un parti pris, elle n'en démordra pas... Quand les femmes se mettent quelque chose dans la tête, il n'y a pas moyen de leur faire entendre raison. » Le roi ajoute un peu plus loin: « Eh bien! ma foi! en voilà de belles. Au bout du compte si le ciel veut se mêler de mes affaires...! »

En 1835, une *Jeanne d'Arc*, par MM. Henri

1. Hippolyte Lucas entendit chanter chez Rossini par Mme Alboni, une magnifique cantate inspirée par Jeanne d'Arc à l'illustre *Maestro. Portraits et souvenirs littéraires*, p. 137.

2. Paris, Aimé, 1832.

Duffaud et Eugène Duval sur le théâtre de M. Comte. Je ne crois pas qu'elle ait été imprimée et n'en connais que le titre.

En 1836, une *Jeanne d'Arc* improvisée à Lyon par M. F. Lequesne, un prédécesseur de M. de Pradel.

Ne passons pas si vite devant une *Jeanne d'Arc* en prose publiée en 1842 par M. Eugène Cressot (1). On la lit avec quelque intérêt. L'auteur ne s'est pas trop écarté de la vérité. Son Charles VII partant pour aller chasser au faucon est toujours le personnage qu'on sait, mais là du moins point d'Agnès Sorel rappelant la prédiction de l'astrologue, anecdote de Brantôme tant de fois ressassée, de même que le mot très douteux de La Hire : « On ne peut perdre plus gaiement son royaume. » M. Cressot paraît avoir assez bien compris le caractère de Jeanne, excepté cependant lorsqu'il la fait s'écrier : « C'est de la gloire et non du sang qui s'écoule de cette plaie. » La Pucelle s'inquiétait très peu de la gloire.

C'est de Dijon que vint cette *Jeanne dArc* L'année suivante, en 1843, il en vint une de Metz (2).

1. Dijon, Brugnot, 1842.
2. Paris, Debecourt, 1843.

Dans ma première étude je ne crus pas devoir m'y arrêter et j'expliquai mon silence par ce vers :

> Et la bonne raison c'est que j'en suis l'auteur.

On m'a fait remarquer que ce petit travail serait plus complet si je disais aussi quelques mots de cette *Jeanne d'Arc*. Il y a si longtemps que je l'ai écrite que je peux m'en occuper maintenant comme si nul sentiment de paternité ne m'attachait à elle... D'ailleurs une citation empruntée à M. Marius Sepet me viendra d'abord en aide : « Plusieurs des réformes proposées par l'école romantique, par exemple la disposition libre du temps et de l'espace, un plus grand mouvement, un plus grand appareil scénique, plus d'aisance et de familiarité dans le dialogue, étaient, ce semble, favorables à l'expression sur la scène théâtrale de l'histoire de la Pucelle. Les chefs de l'école ne songèrent pas à tenter l'épreuve ; mais la tentative n'en fut pas moins faite. L'une des premières applications du nouveau système, application modérée, au grand sujet de Jeanne d'Arc, se trouve dans la tragédie (ce nom fut conservé par l'auteur) publiée en 1843 par M. Th. de Puymaigre. » (*Jeanne d'Arc*, par H. Vallon. Paris, Didot 1876, p. 498.) Je le crois, je traitai d'une manière assez nouvelle le plus magnifique épisode de notre histoire. Les emprunts que je fis à Schiller n'ont, je le pense, altéré ni la vérité des événements, ni dans son ensemble le personnage de Jeanne. Je me gardai bien de conserver à la Pucelle ce caractère de Clorinde que lui a donné le poète allemand. Je tâchai de la rapprocher de son type réel, mais toutefois elle s'en écarte trop dans de nombreux morceaux lyriques plus ou moins imités de Schiller. Quant à l'ordonnance du drame, elle est si peu compliquée qu'en peu de mots j'en puis donner une idée. Prologue. Domremy. Inquiétude de Jacques d'Arc et d'Isabelle Romée sur leur fille. Jeanne se décide à obéir aux saintes et part. Acte Ier : Chinon. Charles VII découragé, recevant de tous côtés de sinistres nouvelles, messagers d'Orléans annonçant la triste situation de cette ville, efforts de Dunois pour rendre quelque énergie au roi. Acte II : Jeanne est arrivée, elle a été interrogée par les docteurs, elle a reconnu le gentil dauphin, elle lui répète une prière qu'il a, dans le secret de son oratoire, adressée à Dieu, elle achève de lui inspirer une confiance contre laquelle lutte le sire de la Trémoille. Enthousiasme de Charles et de ses chevaliers; ils se pressent autour de Jeanne qui promet la délivrance d'Orléans et le sacre. Acte III : A Reims devant le portique de la cathédrale. Arrivée de Jacques d'Arc. Il pense avec admiration aux prodiges accomplis par sa fille. Elle sort de la cathédrale; son père la supplie de revenir à Domremy. Elle exprime ce désir au roi, le cortège quitte la basilique aux cris de Noël que pousse le peuple. Charles s'avance vers Jeanne et charge Dunois de rappeler à la foule ce qu'a fait la Pucelle. Dunois redit les glorieux événements qui ont amené Charles à Reims. Le roi alors s'adresse à Jeanne :

Qu'à votre nom s'attache une gloire immortelle,
Votre famille, ô Jeanne, est grande désormais.
Que sur votre blason on lise vos hauts faits,
Qu'en un champ d'azur, d'or croisée et pommetée
Une épée élevant sur sa lame argentée
La couronne de France entre deux fleurs de lis,
Redise les travaux par vous, Jeanne, accomplis.
Que la royale fleur à votre race donne
A tout jamais son nom, éloquente patronne !
Et quand dans l'avenir on entendra ce nom,
Et quand dans l'avenir on verra ce blason,
Emu l'on se dira : Cette famille est celle
Que dans les anciens jours illustra la Pucelle.

Jeanne ne peut obtenir du roi la permission de le quitter. Elle sent cependant que l'appui surnaturel lui manque, mais elle obéit au roi. Désespoir puis colère de son père qui finit par lui pardonner et la bénir.

Acte IV : Rouen. Jeanne en prison. Elle croit trouver un ami dans Loiseleur qui la trahit. Pierre Cauchon. Interrogatoires. Menaces de la torture, etc. Acte V : Ladvenu témoigne à Jeanne sa pitié et lui apprend qu'on l'a trompée, que par une ruse on lui a fait signer un acte d'abjuration. Warwick presse Cauchon de hâter le dénouement du procès. Ladvenu vient adresser à Jeanne quelques paroles d'encouragement. Il est suivi par Loiseleur se repentant du rôle odieux qu'il a joué et sollicitant son pardon que Jeanne lui accorde. Un appariteur vient chercher la Pucelle livrée au bras séculier pour la mener au supplice. On l'entraîne. Ladvenu la suit. Loiseleur reste prosterné. On entend commencer les prières des agonisants. De grandes rumeurs s'élèvent au dehors; par la fenêtre de la prison on voit passer un char drapé de noir et attelé de quatre chevaux. Sur ce char sont le bourreau, Ladvenu et Jeanne vêtue d'une robe blanche et coiffée d'un mitre portant ces mots : relapse, apostate, idolâtre. Parmi les morceaux qu'on voulut bien remarquer dans cet essai dramatique, je citerai la scène d'orgie soldatesque où, à Reims, Jeanne brise l'épée de Fierbois, et les interrogatoirés dont M. Sepet cite uu long fragment. Comme ma vieille pièce est devenue fort rare — ce qui arrive souvent aux œuvres de médiocre valeur — on me permettra peut-être d'en rapporter encore quelques vers, un rêve qui, du reste, n'a rien de commun avec les songes habituels des tragédies. Jeanne s'adresse à son consolateur, Frère Ladvenu :

Un rêve ce matin transportait ma pensée,
Au milieu d'une joie à jamais effacée,
J'étais dans cette pièce où, quand tombait le soir,
Près du large foyer chacun venait s'asseoir.
Mon père sur un banc, près de la cheminée,
Entretenait ses fils des soins de la journée,
Ma mère avec ma sœur de laitage et de pain
Avait chargé pour eux la table de sapin.
Moi, dans mes doux loisirs, je tressais la couronne
Dont j'aimais à couvrir le front de la Madone,
De nos murs gris et nus le pieux ornement.
Ce bonheur ne dura qu'un rapide moment :
Eveillée à demi par l'éclat de l'aurore,
A Domremy pourtant je me croyais encore.
Il me semblait entendre au loin les bruits des champs,
Le roulement des chars, les chevaux hennissants.
Je cherchais du regard cette étroite ouverture
D'où mes yeux ne voyaient que fleurs et que verdure,

J'écoutais si ma sœur dont je connais le pas,
Vers ma chambre en courant ne se dirigeait pas...
Ce vague état tenait de la veille et du rêve,
Près de moi, tout à coup, un chant joyeux s'élève,
Qui chante? Est-ce ma sœur? Non, ce n'est pas sa voix,
Et cet air je l'entends pour la première fois,
De qui dans la contrée eût-elle pu l'apprendre?
Je me soulève alors afin de mieux entendre,
Le sommeil se dissipe... Hélas! cette chanson...
Un Anglais la disait et j'étais en prison!

Cette *Jeanne d'Arc* ne fut présentée à aucun théâtre. Alors elle eût semblé une tentative trop audacieuse; plus tard elle eût paru un essai bien timide.

Je ne dirai rien d'une *Jeanne d'Arc en prison* (1) de MM. Périn et Elie Sauvage, un tout petit acte en vers, que j'ai eu quelque peine à me procurer:

De loin c'est quelque chose, et de près ce n'est rien.

Faisons une petite halte devant la *Mission de Jeanne d'Arc*, drame en cinq journées et en vers de M. Porchat (de Lausanne). La première journée a quelques scènes bien réussies, celle, entre autres, de l'entrevue de la Pucelle et de Baudricourt que

1. Paris, Dubochet, 1844, in-12.

l'auteur a trouvé le moyen d'amener à Domremy. Une mauvaise conception qui a son influence sur toute la pièce, qui en est même la combinaison essentielle, a été d'avoir placé pour curé à Domremy ce Loyseleur dont le rôle fut si odieux durant le procès de Rouen. Loyseleur abhorre Jeanne parce qu'elle a eu la révélation d'un secret qui le concerne. C'est lui qui avec Magistri a jadis assassiné le duc d'Orléans. Magistri et Loyseleur reparaissent à chaque acte comme les mauvais génies de la Pucelle. A Chinon, ils inspirent des préventions contre elle, ils sont là quand elle est blessée à Orléans ; quand elle s'échappe du Crotoy ce sont eux qui l'arrêtent dans sa retraite. A la fin du drame ils prennent la part la plus active à sa condamnation. Loyseleur pourtant, quand on conduit Jeanne au supplice, éprouve un repentir qui n'est pas de l'invention du poète. Le style de M. Porchat est quelquefois négligé, mais ses vers, qui appartiennent à la nouvelle école, rendent bien les réponses de Jeanne à ses juges.

Le théâtre de la Gaîté semble avoir été prédestiné aux *Jeanne d'Arc*. C'est là qu'en 1803 avait été donnée une pantomime dont nous avons rapporté le titre ; c'est là qu'en 1849 fut aussi représenté un drame de M. Charles Desnoyers (1). Mais quelle différence entre ces cinq lourds actes de prose et la pièce de M. Barbier ! Sommes-nous obligé de faire l'analyse de drame de M. Desnoyers? Il ressemble à beaucoup de choses qu'on a déjà vues: premier tableau : Domremy ; second tableau : Chinon, la cour de Charles VII, l'éternelle Agnès, l'arrivée de Jeanne, etc.; troisième tableau : délivrance d'Orléans ; quatrième, le sacre ; cinquième, la Pucelle prise à Compièggne par la trahison du Sire de Flavy et de Jean Destivet. Les derniers tableaux à Rouen, lettre de Jacques d'Arc qui accuse sa fille de sorcellerie, on ne sait trop pourquoi, probablement parce que cela se trouvait dans Shakspeare, Schiller, Soumet. Trame odieuse d'un soudard qui porte le nom de Tyndal; né à Domremy, il a subi une condamnation pour avoir prétendu que Jeanne lui avait promis mariage et s'est depuis joint aux Anglais ; son tardif mais vif repentir ; condamnation, place du Marché et phrase dans le genre de celle-ci que prononce Jeanne d'Arc dans un moment où elle espère pouvoir être sauvée : « Maintenant je puis avouer que dix-neuf ans, pour mourir, c'est bien jeune ! Tout quitter, ne plus jamais revoir sa

1. Paris, Tresse, 1847.

mère, ses amis, son pays, les champs de son père... puis ce bûcher c'est un supplice horrible ! »

La pièce finit par une apothéose, mais on chercherait longtemps avant de deviner quelles dernières visions viennent consoler Jeanne? La prise de la Bastille et un épisode des journées de Juillet qui apparaissent dans de grands tableaux, tandis qu'un ange promet à la France les plus heureux destins et que l'orchestre joue la *Marseillaise* et la *Parisienne*. On voit que l'auteur s'était rappelé la phrase de Mercier. — Une Jeanne d'Arc conçue à peu près de la même manière figure dans un drame représenté sur le théâtre de la Porte-Saint-Martin en 1855. Dans ce drame intitulé *Paris*, qui a eu pour auteur M. Charles Meurice, la Pucelle figure dans un des nombreux tableaux où se déroule, accommodée à la mode du jour, une bonne partie de notre histoire ; des femmes du peuple se pressent autour de Jeanne et lui présentent des chapelets à bénir : « Qu'est ce que c'est, s'écrie-t-elle, des chapelets, et des patenôtes à toucher ! touchez-les vous-mêmes, bonnes femmes, ils en vaudront tout autant. »

Malgré le second titre de son livre, *Jeanne d'Arc ou la Fille du peuple au XVe siècle*(1), ce n'est pas du

1. Paris, Furne, 1851.

tout de cette manière que M. Athanase Renard a compris la Pucelle (1851). Il a su se soustraire entièrement à l'influence de Schiller et d'idées trop facilement acceptées. Son Charles VII n'est pas le personnage de convention avec lequel nous sommes loin d'en avoir fini. M. de Beaucourt, dans une savante et patiente étude sur le caractère de ce roi (1), a rappelé avec beaucoup d'à-propos la pensée de Pascal: « Il n'est point d'homme plus différent d'un autre que de soi-même dans les divers temps. » Au moment où apparut Jeanne d'Arc, Charles accablé par les revers, dirigé par les conseils d'un favori indigne, ayant donné son dernier homme et son dernier écu, était différent de ce qu'il avait été, différent de ce qu'il fut plus tard, car il est juste de lui attribuer une part dans l'état de prospérité où la France se trouvait au moment où il mourut. La phase de sa vie qui correspond à la mission de la Pucelle fut, il faut le reconnaître, la moins brillante de son règne, mais le représenter comme ne songeant qu'à ses plaisirs, qu'aux musiciens que lui a envoyés le roi René, qu'à Agnès Sorel qu'alors il n'avait pas encore vue, c'est se complaire à d'ignorantes répétitions. Quel-

1. *Charles VII, son caractère*, par M. du Fresne de Beaucourt.

que découragé que le roi fût alors, il se refusa à suivre les conseils timides de son entourage et à abandonner la partie. M. Renard tout en ne faisant pas un héros de son Charles VII, a cherché à le peindre plus ressemblant au type que l'histoire sérieusement examinée peut nous offrir de lui. Sa Jeanne d'Arc est aussi plus conforme à ce que nous en disent les chroniques dont l'auteur suit la marche depuis les révélations de Domremy jusqu'au sacre qui termine la pièce, car il a vu dans la vie de la Pucelle deux parties très distinctes et n'a voulu traiter que la première, la mission. M. Renard n'a pas eu tort d'écrire son drame en vers libres, mais il a eu tort d'abuser de la facilité qu'offre ce rythme. Quant à son sujet il en a très bien disposé les scènes et l'a fort approfondi. Comme critique, comme histoire, il montre beaucoup de sens et de tact dans un travail qui termine son volume et qui en est peut-être la partie la plus remarquable.

Il y avait dix ans que le drame de M. Renard avait été imprimé, quand un écrivain dont la verve n'aurait jamais décélé le grand âge, charmé du plan tracé par son prédécesseur, mais regrettant sans doute que l'exécution en fût insuffisante, résolut de récrire ce drame en vers libres encore, mais non pas libres au point d'admettre d'autres mesures que celle de douze et celle de huit syllabes. Cet écrivain doué d'un talent poétique réel ne semble avoir jamais cherché dans les lettres que des jouissances sans ambition, et sur des œuvres destinées à un petit nombre d'amis, n'a même jamais inscrit son nom. Ce nom était celui d'un conseiller d'État. Notre auteur s'appelait M. David. Il avait quatre-vingts ans quand il composa sa *Jeanne d'Arc* (1). Le style de M. David est simple, élégant, ses vers sont faits avec soin, leur rythme peut d'abord déconcerter, mais le ton en devient facilement élevé quand l'auteur fait parler Jeanne d'Arc. « Ne pouvant, dit-il, lui faire parler son patois du xv° siècle, il faut la transporter dans la sphère du lyrisme qui lui est tout à fait propre et où elle se meut naturellement. » Les chroniques au reste, autorisaient parfaitement le poète à prendre par moment ce ton inspiré ; ne nous apprennent-elles pas que « c'estoit chose merveilleuse comme la Pucelle dans ce qu'elle disoit lui estre chargé de par Dieu parloit *grandement* et *notablement* » ? Nous ne savons quel effet produirait sur la scène la pièce

1. Paris, Imprimerie de Wittelsheim, 1861.

de M. David, ni, si privée de son complément tragique, elle exciterait une vive émotion, mais nous croyons qu'à la lecture peu d'œuvres sur Jeanne d'Arc peuvent causer autant de satisfaction.

Le livre de M. David date de 1861. Nous n'avons pas voulu le séparer de celui qui l'a inspiré, nous sommes maintenant obligé de revenir sur nos pas et de franchir les Pyrénées. La pièce de Schiller fit aussi son apparition sur la scène espagnole; don Manuel Tamayo y Baus fit en 1852 jouer *con general aplauso*, une imitation de la tragédie allemande sur le théâtre de *la Cruz* (1). C'est un péché de la jeunesse du poète, péché dont il s'est repenti, et le fait est qu'il doit bien causer quelque remords à son auteur, car celui-ci a encore rendu la passion de Jeanne pour Lionel plus ardente que dans le drame de Schiller. La pièce espagnole, beaucoup plus courte que celle qui lui a servi de modèle, est d'ailleurs écrite avec verve et pouvait faire deviner un talent dont l'épanouissement a depuis été complet. La première *Jeanne d'Arc* qui suivit celle de M. Tamayo ne se présente qu'en 1857, elle est

1. Madrid, calle del Factor, nº 9, 1852.

l'œuvre de la femme-auteur qui a pris le pseudonyme de Daniel Stern, et ne fut pas jouée (1).

Daniel Stern paraissait avoir bien compris ce que fut la Pucelle : « Je ne vois dans l'histoire d'aucun peuple — dit-elle — si l'on excepte le peuple juif, d'apparition plus merveilleuse, de figure plus humaine et plus divine tout ensemble que Jeanne d'Arc. Il n'en est pas où se rencontre en une plus belle lumière les traits de la grandeur et de la sainteté, ni qui soit plus capable de charmer les imaginations et de pénétrer les cœurs, tout en défiant l'examen de la plus rigoureuse critique. Ame enthousiaste et profonde, cœur chaste, esprit sincère, humble fille des champs, vierge inspirée, soldat, martyre, Jeanne d'Arc est à la fois un personnage héroïque, une créature légendaire et une authentique réalité. » Quel désappointement n'éprouve-t-on pas quand, après avoir admiré ces lignes où Jeanne est si bien comprise, on passe au drame où elle est si mal peinte? Il nous semble inutile de donner des détails sur la trame mal tissue de cette pièce. Daniel Stern n'a pas eu assez d'imagination pour créer une fiction

1. Paris, Michel Lévy, 1857, in-12.

puissante, elle en a eu trop pour vouloir se conformer à la vérité qu'elle a altérée sans profit par de petites et vulgaires combinaisons. Elle a, d'ailleurs, écrit avec des préventions qui ont pu lui nuire ; ainsi, suivant elle, c'est l'Église qui a contribué à épaissir l'oubli où Jeanne d'Arc — dont on n'a jamais cessé de s'occuper, nous l'avons vu et de reste — demeura pendant plus de deux siècles. Daniel Stern n'a donc pas lu le *procès de réhabilitation* ni les belles paroles de Pie II que M. David a placées d'une manière si heureuse en tête de son livre?

Presque en même temps que le petit volume de Daniel Stern, parut, sur le même sujet, un drame, en prose aussi, de MM. Louis Jouve et Henri Cozic (1). Les deux auteurs paraissent avoir étudié soigneusement l'époque où ils voulaient se transporter. Ils me semblent avoir assez bien compris le caractère de la Pucelle, mais dans leur drame ils n'ont pas montré à l'égard de l'histoire tous les scrupules dont ils parlaient dans leur introduction. Ils y avaient déclaré ne pas vouloir s'écarter de la vérité, ce qui ne les a pas empêchés de nous donner un

1. Dentu, 1857, in-12.

Charles VII copié de vingt autres, la belle Agnès et une tentative de Dunois pour sauver la Pucelle.

Avec M. Bousson de Mairet (1860), nous retrouvons la vraie tragédie (1) en cinq actes et en vers, plus cependant tout à fait aussi classique que celle de d'Avrigny et de Soumet. L'unité de lieu et celle de temps n'ont pas été respectées par l'auteur, mais on voit dans sa préface que sa conscience ne le laisse pas tranquille sur ce premier acte qui se passe à Compiègne. Cette tragédie, où l'auteur suit assez fidèlement la marche des événements, ne manque pas d'intérêt, les interrogatoires sont bien rendus, étant donné un style un peu trop solennel. La pièce se termine par un récit où sont racontés, comme dans l'œuvre de Fronton du Duc, les prodiges qui suivirent la mort de Jeanne :

Si j'en crois les discours, une blanche colombe,
Du sommet du bûcher s'élève et dans les airs,
On entend retentir de célestes concerts.
Le soldat s'épouvante et le peuple en délire,
La proclame à grands cris innocente et martyre.
Le croirez-vous enfin, ô prodige ! ô terreur !
La flamme dévorante a respecté son cœur,
Et le bourreau tremblant, dans la cendre brûlante,
L'a senti palpiter sous sa main frémissante.

1. Poligny, 1860.

En 1861, nous rencontrons sur Jeanne d'Arc (1) une pièce écrite dans un tout autre ordre d'idées. Son auteur porte un nom célèbre dans la littérature théâtrale — mais ce n'est pas lui qui l'a illustré — il s'appelle A. Scribe. Sa préface — comme tant d'autres préfaces — nous a inspiré des espérances qui ne se sont pas réalisées. M. A. Scribe nous avait parlé de la trilogie de Vitet, nous nous attendions à voir un drame historique très travaillé, une œuvre dans le genre de Gœtz de Berlichingen et nous nous sommes retrouvé au milieu de redites et d'anachronismes de toute espèce. Toute médiocre que soit cette production elle est du moins dans la voie à peu près historique rouverte en 1832 par M. Millot. La tragédie qui la suit nous ramène aux conceptions de Schiller. Les quatre premiers actes de la *Jeanne d'Arc* (2) de M. Constant Materne ne sont, à vrai dire, que la traduction d'ailleurs bien réussie et dans un style qui rappellerait celui de Casimir Delavigne, des quatre premiers actes de la pièce allemande.

1. *Jeanne d'Arc, hommes et choses de son temps.* Amiens 1861.

2. Bruxelles, Decq, 1862.

Comment reconnaître Jeanne d'Arc dans ces vers :

Peut-être tout ce sang dont ma main est trempée,
D'une rigueur trop longue accuse mon épée,
Et la voix de mon sexe étouffée un moment,
Fait entendre en moi-même un sourd gémissement,
Tandis qu'autour de moi mugissaient les batailles,
J'étais guerrière ardente et femme sans entrailles,
Mon bras que nul effort ne pouvait retenir,
Terrible et sans merci se levait pour punir,
Souvent je méconnus le cri de la nature...

M. Materne n'a pas osé suivre son modèle jusqu'au bout, il a voulu au cinquième acte, revenir à la donnée historique, mais là son embarras a été grand de se trouver en face d'un personnage tout autre que celui dont il nous peint les ardeurs belliqueuses. Ce cinquième acte, mal rempli par une tentative des Français pour sauver la Pucelle et par un interrogatoire très abrégé que Loyseleur lui fait subir, n'a guère qu'un mérite, c'est de ne pas se terminer par un diffus récit du supplice de la Pucelle. Mais si le récit de Théramène était trop long, il faut reconnaître qu'il y a excès contraire ici et que la pièce finit bizarrement par ce vers :

Loyseleur, Jeanne brûle et l'Anglais est vengé !

Rien sur Jeanne d'Arc depuis la tragédie de

M. Materne jusqu'au drame en vers en cinq actes et en six tableaux que M. P.-F. Louvet publia en 1863 (1). L'auteur de cette pièce, comme M. Porchat et quelques autres de ses devanciers, a cherché à mettre en scène des épisodes en général négligés par les poètes de la Pucelle. Le premier acte se passe à Chinon, comme dans un grand nombre des œuvres qui nous ont déjà occupé et s'y passe à peu près de même que dans plusieurs d'entre elles, mais le second nous transporte à Patay, le troisième à Compiègne, le quatrième, le meilleur, à Beaurevoir, le cinquième, le plus faible, nous amène à Rouen ; seulement l'auteur dans son désir de ne pas suivre ses prédécesseurs, se prive d'éléments fort intéressants, les interrogatoires de Jeanne d'Arc ne lui fournissent rien. Quand l'acte commence, Jeanne a repris déjà ses habits d'homme, elle est perdue. La Hire arrive sous un déguisement dans l'espoir de la voir, de la sauver, Talbot le reconnaît et s'associe à ce projet, il engage la Pucelle à prendre la fuite ; elle refuse, fuir ce serait s'avouer coupable ; c'est là une des péripéties qu'avait déjà inventée l'abbé d'Aubignac. La mort de la

1. Paris, Typ. de Cosson, 1863.

Pucelle est racontée par un de ses juges, Jean Frappart. Ce drame est écrit dans un style mixte, mais qui se rapproche plus des traditions classiques que des libertés nouvelles. Certaines tirades sont bien versifiées, d'autrefois les vers sont faibles et fortement chevillés, souvent M. Louvet met dans la bouche de ses personnages des noms mythologiques qui ne durent jamais s'y trouver. Poton s'écrie :

La fièvre des combats dans nos veines circule
Et donne au plus débile une force d'*Hercule*.

Jeanne dit à Talbot :

Et vous, vous respecté de toute nation,
Talbot, restez toujours l'*Achille* d'Albion.

Je n'ai pas à parler longuement d'une *Jeanne d'Arc*, drame en prose en cinq actes, avec prologue et en quinze tableaux (1) qui appartient à l'année 1867. Son auteur, Mme Joséphine Mallet, a écrit cette pièce en vue d'un *théâtre populaire* dont elle rêvait la création. Mme Mallet, comme beaucoup de ses prédécesseurs, affiche des prétentions à la

1. Paris, librairie générale des auteurs.

vérité historique Elle suit en effet assez exactement le récit des chroniqueurs. Elle introduit toutefois dans son drame un timide amoureux de la Pucelle, une cour d'amour et des troubadours, bien qu'alors il n'en existât plus depuis environ deux siècles. Elle a remplacé Agnès par une Iseult. Le style de la pièce est celui d'une institutrice qui se rappelle sa rhétorique. Mme Mallet a eu toutefois le bon esprit de reproduire assez exactement les réponses de Jeanne à ses juges.

En 1868, il parut en langue allemande un drame en cinq actes et en prose (1). Il a pour auteur M. Wilhelm von Issing, et ne nous semble pas mériter une très longue mention. M. Wilhelm von Issing s'est autant éloigné de la vérité que son illustre compatriote Schiller, de l'influence duquel il n'a pas su, d'ailleurs, se garantir entièrement. Son second acte, où apparaît l'éternelle Agnès, se passe à Chinon et fait plus d'une fois souvenir du premier acte de la *Jungfrau von Orléans*. C'est Baudricourt qui, dans cette nouvelle production dramatique, s'est épris de Jeanne. Il vient dans un lieu désert de lui faire la peinture de son amour,

1. JOHANNA D'ARC *heroisches drama in funf Aufzugen von Wilhelm von Issing*. — Cassel, August Freyschmidt 1868 in-12.

quand des chevaliers anglais se précipitent sur la Pucelle. Baudricourt tombe mort en la défendant comme le Lyonel de Méry, et les paroles éplorées de la guerrière indiquent que la passion du chevalier était payée de retour (1). Les Anglais s'emparent de Jeanne qui tout à sa douleur s'est jetée sur le corps de Baudricourt. L'acte suivant, le cinquième, nous montre la Pucelle à Rouen au milieu des persécutions et des ruses odieuses dont l'entourent ses ennemis et qui finissent par la conduire au bûcher. Une apothéose dans laquelle la Vierge et les anges recueillent l'âme de l'héroïque victime termine la pièce.

Si l'année 1870 n'avait pas été remplie par des désastres aussi grands que ceux dont la venue de la Pucelle fut précédée, la *Légende de Jeanne d'Arc* publiée dans cette année néfaste (2), aurait pu passer moins inaperçue. Son auteur, M. Viguier, avait présenté ce drame au Théâtre-Français où il avait été reçu à correction, manière d'écarter une pièce. M. Viguier était venu trop tôt, on s'effraya

1. ROBERT. Sterben ! — JOHANNA. Nein, sieh mich an. Du sollst leben, du musst leben. Sieh doch, ich bin's Johanna, dein Maedchen, deine Freude. Hörst du mich ? Ein wort ! du sollst nicht sterben. Ein wort ! etc. (p. 151).

2. Dentu, 1870.

de ces changements de scènes, presque aussi fréquents que dans *Gœtz de Berlichingen*, on s'étonna de rencontrer une Jeanne d'Arc s'exprimant naïvement, simplement, sans élans lyriques comme pouvait le faire une paysanne ne sachant A ni B, ainsi qu'elle le dit elle-même :

Je ne sais A ni B, rien que mes patenôtres.

C'était trop loin des vers de Soumet que Mlle Rachel venait de faire entendre de nouveau, c'était trop différent du personnage de convention substitué au personnage réel. Il y a de la vie dans le drame de M. Viguier. Il y a là une étude consciencieuse de l'époque, des caractères. La versification de l'auteur est étrange parfois, souvent dure et rocailleuse, mais après tout elle est bien d'une main de poëte. Le premier acte débutant par un chœur de jeunes filles chantant des rondes en l'honneur du *Renouveau* est très bon. Dans les actes suivants, des scènes incidentes auraient dû, pour la représentation, être supprimées ou abrégées. En se rappelant l'émotion que dans la *Fille de Roland* cause ce combat dont Berthe et Charlemagne sont témoins des fenêtres du palais d'Aix-la-Chapelle, et qu'ils décrivent en quelques mots, on se rend compte de l'effet qu'eût produit la prise de la Pucelle racontée sur les remparts de Compiègne.

M. Viguier n'a pu complètement résister à la séduction exercée par Schiller. Le deuxième tableau de son second acte est une réduction du premier acte de la *Jungfrau*. Dans les tableaux suivants, plusieurs scènes ont été encore écrites d'après le poète allemand, entre autres celle de la conversion du duc de Bourgogne déjà imitée par Maurin, par Nancy, par Soumet, etc., mais ces emprunts n'ont fourni aucune couleur fausse au portrait de Jeanne. On ne peut de même approuver l'idée que M. Viguier a eue de faire paraître dans son drame le chevalier noir qui annonce à Jeanne que sa mission est terminée après le sacre, le fantastique chevalier noir de Schiller ! Quoique dans son dernier acte M. Viguier rende souvent avec fidélité les belles réponses de Jeanne à ses juges, cet acte, si la pièce eût dû être représentée, aurait demandé un grand remaniement, le dernier tableau, celui du bûcher semble manqué. Dans la pièce de M. Viguier, au moment où Jeanne périt on annonce une tentative des Français pour la sauver, c'est sans profit donner un démenti à l'histoire.

La *Jeanne d'Arc* de M. Barbier — nous en parlerons à propos du remaniement qui en a été fait — fut représentée pour la première fois le 8 novembre 1873. Un an après, presque jour pour jour, le 10 novembre 1874, don Juan José Herranz donna à Madrid, sur le théâtre *del Circo*, la *Vierge de Lorraine* (1) (*La Virgen de Lorena*); drame en trois actes et en vers. L'auteur a qualifié cette pièce d'historique, mais il s'est donné beaucoup de peine pour placer Jeanne d'Arc au milieu de combinaisons assez vulgaires, et, sans profit, a singulièrement dénaturé la marche des événements. Après nous avoir montré Jeanne à Chinon, il nous conduit à Reims, non pour nous faire assister au sacre de Charles VII, mais pour y faire prendre Jeanne prisonnière. Le sire de Gaucourt aime Jeanne, la jalousie pousse cet amant dédaigné à livrer, ou pour le moins à faire livrer la Pucelle aux Bourguignons. Gaucourt devient ainsi la cause de sa mort et se trouve à peu près dans la même situation que le Bedfort de M. de Hédouville. Une chose assez bizarre dans cette pièce, c'est qu'aucun Anglais n'y figure, l'évê-

1. Madrid, Imp. de José Rodriguez. — Calvario 18, 1874.

que de Beauvais et ses terribles acolytes n'y ont non plus aucun rôle. Le troisième et dernier acte se passe cependant à Rouen et dans une prison, mais une prison, à ce qu'il semble, ouverte à tous venants, nous y voyons Gaucourt, Denis Laxart, l'oncle de Jeanne, dont M. Herranz a fait une sorte de *gracioso*, Pierre d'Aulon qui apporte à Jeanne *une branche d'olivier* qu'il a cueillie à Domremy dans une prairie où jadis l'héroïne menait paître ses troupeaux, le Père Isambart, le confesseur de la Pucelle, et enfin le duc d'Alençon. Celui-ci arrive pour sauver l'héroïne dont il apporte la rançon, mais il est trop tard et de Gaucourt désespéré il apprend que Jeanne vient de monter sur le bûcher.

L'auteur n'a tiré aucun parti des inspirations divines qui font de la vie de Jeanne une si merveilleuse existence. De cette intervention miraculeuse on trouve à peine une trace dans ces paroles adressées à Charles VII par Pierre d'Aulon.

« Aux pieds de Votre Altesse, j'expose avec respect, qu'en un vallon de France que baigne la Meuse, au village de Domremy, vit une jeune fille si pure d'âme et de corps, que pour lui parler, sur la terre s'abaissent les anges du ciel ; solitaire et silencieuse, comme qui garde un grand secret, doutant si elle est trompée par quelque flatteuse espérance, elle vit depuis son enfance luttant contre la vision de délivrer par son bras la patrie de ses aïeux ; cependant tellement augmente le déchaînement des Anglais, que son croissant enthousiasme lui fait rompre le silence ; elle affirme qu'elle est envoyée par les puissances du ciel, ses paroles portent la conviction, sa valeur se communique, elle rend confiance aux enfants, aux jeunes gens, aux vieillards, tous jurent de délivrer cette terre du joug des insulaires. » (Acte I, scène VI.)

L'année 1875 a produit deux *Jeanne d'Arc* dont l'une a eu pour auteur un ecclésiastique et pour actrices huit jeunes filles, car il n'y a point de loups dans cette bergerie intitulée *Jeanne d'Arc ou le siège d'Orléans*, drame historique en trois actes par M. l'abbé Marchal Soulier, curé de Troche (Corrèze) (1). Je n'ai pas à m'arrêter à une pièce née en dehors de toutes préoccupations littéraires ou théâtrales. C'est l'Italie qui a vu naître

1. Limoges, Chatrix et Cie, 1875, in-8°.

la seconde œuvre inspirée par la Pucelle en cette même année 1875. L'auteur de cette pièce, Vittorio Salmini, né à Venise en 1832(1), s'est fait connaître en Italie par plusieurs drames représentés avec succès. Son *Lorenzo di Medici*, son *Mahomet II*, ont été accueillis par des applaudissements qui n'ont pas non plus manqué à sa *Giovanna d'Arco* (2). Irrité par les calomnies de Shakspeare, indigné par le sacrilège de Voltaire, offusqué par les inventions mélodramatiques de Schiller, séduit complètement par le glorieux personnage de la Pucelle, Salmini a voulu demander les matériaux de sa pièce à la tradition, à la vérité. A-t-il tout à fait réussi dans l'accomplissement de ses projets? Un public italien a pu le trouver, des lecteurs français sont frappés par des difficultés ou même des impossibilités historiques et géographiques naturellement peu visibles pour des étrangers. On sent du reste, partout, combien le poète aime et admire son héroïne, on le sent aux beaux vers qu'il met dans sa bouche et dans lesquels il reproduit quelquefois — pas assez souvent — les propres paroles de la Pucelle. Le drame italien est

1. *Scrittori contemporanei*, par A. de Gubernatis, p. 909.
2. Milano, Barbini, 1876, in-32.

en six actes. Le premier nous transporte à Domremy. Isabelle Romée et Jacques d'Arc s'inquiètent de leur fille, de ses courses à Vaucouleurs, de l'émotion que lui causent les événements qui se passent en France. Une amie de Jeanne, Héliotte, obligée de fuir son village, demande un asile à Domremy, elle devient la confidente de Jeanne qui lui apprend ses merveilleuses visions. Jeanne cède son lit à Héliotte et, la nuit venue, s'endort dans une grange attenante à la maison de ses parents et dont l'intérieur est visible pour le spectateur. Bientôt, elle se réveille, troublée par des songes belliqueux ; elle s'agenouille, prie, puis se relève en s'écriant: « La Madone je l'ai vue cette fois, elle m'a regardée, m'a souri, m'a ordonné de partir. Je l'ai vue, moi... donc il n'y a plus de doute... douter est impossible et si je devais user mes jambes jusqu'aux genoux, j'irai... Pardon, pardon, ô mon père, le père de la France m'appelle, le père du peuple m'appelle... Allons ! Adieu, église du village, où les jours de fête je priais dévotement; adieu, toit paternel témoin de mes jeux enfantins, des premiers présages, de mes saintes visions; adieu, petit jardin, adieu, fontaine aux eaux limpides, arbre des fées et vous rosiers dont je ne sentirai plus l'odeur, troupeau dont je ne pourrai plus entendre les clochettes tinter... adieu pour jamais... Je vais au milieu des chevaux hennissants montés par des hommes de fer, au milieu des champs de bataille... Dieu m'appelle. » Jeanne franchit la haie du petit jardin et la toile tombe après ce monologue où quelques souvenirs de Shiller — mais ceux-là bien dans la situation — n'ont pas fait négliger au poète une énergique expression de Jeanne: « Dussé-je user mes jambes jusqu'aux genoux! » Ce monologue final a une allure lyrique, trop lyrique peut-être, mais dans le reste de l'acte Salmini n'a pas craint un certain réalisme, les mots familiers de papa, *babbo*, maman, *mamma*, ne l'ont pas effrayé.

Le second acte, on le prévoit bien, nous conduit à Chinon. Point d'Agnès dont le nom est cependant prononcé, un Charles VII assez pâle. Jeanne a été interrogée à Poitiers, mais le roi ne l'a pas encore vue, elle est admise en sa présence et le reconnaît mêlé à ses courtisans, lui répète une prière qu'il a faite, lui inspire une pleine confiance. Mais la Pucelle s'est fait par une réponse hardie un ennemi d'un homme qu'on ne s'attend pas à voir là, Pierre Cauchon, dont le poète italianise le nom en Cossone. Sa présence à Chinon est une de ces invraisemblances, de ces impossibilités que je signalais tout à l'heure. L'évêque de Beauvais, ambitieux, irrité contre le roi dont il n'a pas obtenu une faveur sollicitée, est déjà l'homme des Anglais. Le troisième acte qui nous montre le camp de Bedfort sous Orléans est supprimé à la représentation. Il est inutile à la marche du drame. Le quatrième acte se passe à Reims, dans un palais, la veille du sacre, les conversations des courtisans nous apprennent les prodiges accomplis par Jeanne, nous retrouvons là l'évêque de Beauvais plus odieux que jamais. Il cherche à séduire Jeanne en lui disant qu'il la fera reconnaître comme sainte par Rome, qu'on chantera ses louanges dans tous les temples du monde, que son image sera vénérée sur les autels :

Nei templi
Di tutto il mondo canteran tue lodi
I sacerdoti, e sugli altar sarai
Venerata in effigie.

Après avoir tenté d'éveiller l'orgueil dans l'âme de la Pucelle, Cossone s'efforce de troubler la pureté virginale de son cœur. Le cinquième acte nous montre un vestibule de la cathédrale de Reims, dont l'intérieur apparaît splendidement illuminé. Le peuple se presse pour apercevoir la Pucelle. Arrivée de Jacques d'Arc, il se précipite vers sa fille qui sort de l'église fort troublée, car le roi lui refuse de retourner à Domremy. A la colère que Jacques éprouve d'abord en apprenant que sa fille ne le suivra pas, succède une profonde admiration provoquée par les paroles inspirées de la libératrice. Il la bénit, et Jeanne s'arrachant à ses bras s'écrie : A présent à Paris ! *Ora ! a Parigi !*

Le dernier acte nous transporte à Rouen dans la prison où Jeanne est renfermée. Bedfort et un autre Anglais, Georges Campell, par leurs propos mettent le spectateur au courant des événements qui ont suivi le sacre de Reims et aussi des funestes projets qu'ils ont formés. Point de scène d'interrogatoire, mais encore une fois Pierre Cauchon, il veut déshonorer Jeanne en lui faisant signer un acte d'abjuration. Elle s'effraye à la pensée du bûcher dont la menace l'évêque, elle est sur le point de céder, puis repousse avec horreur la proposition de Cauchon. Jacques d'Arc pénètre dans la prison, il a la plus douloureuse entrevue avec sa fille, mais soutenue par une force surnaturelle, voyant le ciel prêt à la recevoir, la Pucelle rend le courage à son père. La porte du fond s'ouvre, on aperçoit le bûcher et Pierre Cauchon debout sur le seuil de la prison. Jeanne le cite à comparaître devant Dieu, embrasse son père une dernière fois et marche résolument au supplice.

Un critique italien, M. Siciliano, a, dans le *Rivista Europea*, rendu compte de la *Giovanna d'Arco* de Salmini. Il trouve que le poète a su mettre habilement à profit les deux procès, et que les événements sont rendus avec autant de vérité qu'on peut le demander à un drame ; il admire le personnage de Pierre Cauchon, *athée théorique et pratique*, *espèce de Faust*, qui lui semble avoir été créé d'un jet. Je ne saurais m'associer à tous ces éloges ; certainement Salmini s'est efforcé de ne pas trop défigurer l'histoire, mais les procès ne lui ont pas offert tous les détails qui font si bien connaître à la fois cette charmante ingenuité et ces sentiments d'une sublimité réelle qui se traduisent dans les réponses de Jeanne à ses juges. Quant à Pierre Cauchon, son intervention dans les premiers actes du drame est historiquement impossible et comme je l'ai dit, son mécontentement est mal expliqué par le refus d'une place de conservateur de ce que le poète appelle le *paragino archiginasio*. Mais Charles VII, n'étant pas maître de Paris, ne pouvait pas y accorder à l'évêque des fonctions d'ailleurs fort mal définies. On ne comprend guère ensuite pourquoi Cauchon veut se faire une alliée de Jeanne, et cherche à exciter sa vanité par des promesses qui finissent en une déclaration d'amour : « Ah ! ne t'éloigne pas, non, ne pars point, laisse-moi rassasier mes yeux de tes brillants regards, que je boive le parfum de ton haleine, belle vierge, que je baise tes pieds... » On avait déjà rendu bien des gens amoureux de la Pucelle, mais on n'avait pas pensé à Cauchon. D'un autre côté on ne voit pas pourquoi Salmini, ayant la prétention de suivre l'histoire, n'a fait revivre ni La Hire, ni Dunois, ni Xaintrailles auxquels il substitue des personnages imaginaires. Je le répéterai, pour nous qui avons présents à l'esprit tous les détails de la vie de Jeanne, la tragédie de Salmini s'éloigne trop de la vérité, mais de la part d'un étranger l'œuvre est certes très louable et nous devons beaucoup de reconnaissance au poète qui a mis en scène, avec une si profonde sympathie, l'héroïne défigurée par Shakspeare par Voltaire et par Schiller.

En 1878, M. Paul Blier a publié une œuvre qui, par ses dimensions, ne pouvait être destinée au théâtre, mais qui, par sa forme, appartient à cette étude et qu'il a intitulée : *Jeanne d'Arc, poème dramatique* (1). C'est une série de scènes où l'auteur a tenté de faire revivre la Pucelle en se conformant aussi exactement que possible à ce que l'histoire nous apprend de la bonne Lorraine. De toutes les Jeanne d'Arc dont nous avons eu à parler et dont nous aurons encore à nous occuper, celle de M. Blier se rapproche peut-être le plus du récit des chroniques. Elle est écrite en vers simples, trop nombreux pour être tous très bons, mais dont la négligence choque moins que les tirades emphatiques dont la Pucelle a tant de fois été le motif. Les paroles de la Pucelle sont souvent assez heureusement rendues, surtout dans les interrogatoires. Quant à la contexture du drame, il suffira pour la faire connaître de copier les titres dont l'auteur fait précéder ses divers tableaux : ACTE PREMIER : *Domremy, Vaucouleurs, Chinon.* ACTE DEUXIÈME : *Orléans, la Sortie, la Bataille, Après la Victoire, Après la Défaite.* ACTE TROISIÈME : *Amis et*

1. Paris, Plon, 1878.

Ennemis, le Sacre. ACTE QUATRIÈME : *le Château de Beaurevoir, Entre Complices, le Procès, la Délivrance.* — La délivrance, bien entendu, c'est le martyre. M. Blier cherchant à ne pas s'écarter de la vérité a laissé de côté le personnage d'Agnès. En revanche, il a eu, lui seul, cette bonne pensée de placer Alain Chartier au nombre de ses personnages. Le vieil écrivain qui adressa à Amédée V une lettre si enthousiaste sur Jeanne d'Arc (1) était digne du souvenir du poète.

M. Félix Hilaire ne s'est pas astreint, comme M. Blier, à suivre les données historiques dans une *Jeanne d'Arc* qui a paru en 1886 (2). Il a voulu rajeunir un sujet tant de fois traité par des conceptions souvent moins heureuses que bizarres. Son premier acte se passe à Orléans où Dunois et La Hire s'entretiennent des malheurs du temps et de la venue de Jeanne d'Arc. Au second acte, nous sommes à Poitiers où l'auteur nous montre Charles VII sous le joug, non d'Agnès Sorel, mais d'une certaine Argine, de l'invention du poète. La Hire arrive d'Orléans et comme un importun, interrompt un ballet dont le roi se divertissait

1. *Procès de condamnation et de réhabilitation*, t. V, p. 131.
2. Paris, Bonhomme, 1886.

beaucoup, pour lui peindre la désolation de la fidèle cité. Jeanne, qui a été examinée par les docteurs, paraît, rend un peu d'énergie au roi et groupe autour d'elle des chevaliers prêts à la suivre. Mais quelques-unes de ses paroles ont profondément irrité Argine qui charge un archer d'assassiner la Pucelle. Cette tentative a lieu dans le troisième acte, au siège de Jargeau, mais Jeanne n'est que blessée. Elle découvre que le crime a été ordonné par Argine; celle-ci reconnue par les soldats de Jeanne va être mise à mort, un généreux pardon de la Pucelle la sauve. Implacable, Argine livre Jeanne aux Anglais. Au quatrième acte, les projets de la maîtresse du roi sont réalisés : Jeanne est prisonnière à Rouen et c'est Argine qui lui envoie le traître Loiseleur dissimulant sa perfidie sous les apparences d'un consolateur. Dans une entrevue avec sa victime, Argine triomphe de la réussite de ses odieuses trames. Quant aux juges ils ne paraissent pas, c'est antérieurement qu'ont eu lieu les interrogatoires, et l'acte se termine par la conduite de Jeanne au bûcher. Tout n'est pas fini pourtant : il y a un cinquième acte qui nous montre un champ de bataille aux environs de Rouen. Un moine y vient apprendre à La Hire, que Jeanne a péri dans les flammes ; une femme déguisée en archer attisait le feu, c'était Argine... et c'est elle qui tout à coup arrive poursuivie par une foule exaspérée, venue d'où ? Sans doute de Rouen. Cette foule furieuse veut tuer Argine ; un vengeur va la frapper quand soudain apparaît Jeanne d'Arc ou plutôt son ombre ; elle condamne son ennemie à vivre, puis s'envole vers le ciel. Le désir d'être neuf, on le voit, a inspiré d'étranges combinaisons à M. Hilaire ; mais l'idée d'attacher une ennemie acharnée aux pas de Jeanne d'Arc n'est pas aussi neuve que l'auteur l'a cru sans doute. M. Porchat, et plus récemment M. Salmini ont usé d'un moyen analogue. Le drame de M. Hilaire est en vers d'un style mixte. Quelques-unes des paroles de la Pucelle ont été bien reproduites, mais des vers trop facilement faits ont une expression prosaïque. Je crois que si la pièce était représentée, ces mots prononcés par Dunois :

As-tu connu, Xaintraille, Isabeau de Bavière ?

mettraient le public en liesse comme le fameux vers :

Vous souvient-il encor du feu roi votre père ?

En 1888 le théâtre de l'Ambigu a donné quelques représentations d'un drame intitulé la *Mission de Jeanne d'Arc* (1). Elles cessèrent au moment où le succès se dessinait et non faute de spectateurs. L'auteur était mort, c'était une représentation posthume due au souvenir et aux démarches de quelques fidèles amis. M. Julien Daillière, qui avait écrit cette œuvre, n'avait pas suivi le conseil de Voltaire : « Faites vos vers à Paris. » Ses vers n'étaient pas moins bons pour avoir été composés en province, mais le poète n'avait ni l'appui de la camaraderie, ni celui de la presse. Il n'était cependant ni le premier venu, ni un nouveau venu. Plusieurs fois l'Académie française avait couronné ses poèmes. Deux drames de lui, *André Chénier* et *Joséphine*, avaient été représentés, l'un à l'Odéon en 1843, l'autre à l'Ambigu en 1848 ; mais cette *Jeanne d'Arc* avait été écrite à Angers et son auteur n'était pas là pour stimuler la réclame. La *Mission de Jeanne d'Arc* est toutefois une œuvre distinguée. Shakspeare a quelquefois consacré plusieurs pièces au même personnage. M. Daillière a trouvé qu'un drame ne suffisait pas pour embrasser la vie de la Pucelle, il

1. Publié dans un recueil intitulé : *Drames, poèmes et contes*. Angers, Lachèze, 1885, 2 in-8°.

en a fait deux : le premier, le seul qui ait été représenté, est en cinq actes et va de Domremy au sacre de Reims comme la pièce de M. Athanase Renard et la refonte qu'en fit M. David. Le second drame en trois actes commence au château de Beaurevoir et finit au bûcher de Rouen. Le premier, à vrai dire, manque d'un dénouement, mais me semble supérieur à l'autre. Il est peut-être à regretter qu'en resserrant l'action, en supprimant quelques scènes, M. Daillière n'ait pas condensé les deux œuvres en une se terminant par la mort de la Pucelle.

Deux actes n'ont pas semblé de trop à M. Daillière pour nous montrer son héroïne à Domremy, et non Domrémy, comme l'écrit l'auteur. Des conversations de jeunes filles préparent à la venue de Jeanne. Elle est rêveuse et préoccupée de sa mission. Une apparition de ses saintes lui enjoint de ne plus retarder son départ. Elle s'est confiée à son oncle Laxart. Celui-ci s'est rendu à Vaucouleurs près de Baudricourt dont il a été mal reçu. Le second acte nous fait assister à une scène entre Jacques d'Arc, Isabelle Romée et leurs enfants. Jacques est inquiet de Jeanne, un rêve singulier lui cause les plus sombres pressentiments. L'acte se termine par l'arrivée de Baudricourt, venant à Domremy pour prendre des précautions contre l'invasion anglaise. Jeanne saisit cette occasion pour entretenir le gouverneur de Vaucouleurs et finit par le persuader de la vérité de sa mission.

Le poète met dans la bouche de la Pucelle des vers d'une assez bonne facture :

Croyez, sire Robert, croyez
Aux saints commandements qui vous sont envoyés,
Vous doutez? En mon Dieu ! suivez-moi dans ma route :
Vos yeux verront, la foi chassera votre doute.
Je le dis, je le dis : les saintes ont parlé
Et tout ce qu'on m'annonce, on me l'a révélé.
Vous ne me croyez pas... Eh bien ! soit et qu'importe
D'où vienne le secours pourvu que je l'apporte.
Est-il vrai, cher seigneur, que le péril soit grand?
Lieutenant du dauphin, vous avez charge d'âmes,
Laissez venir à vous les enfants et les femmes;
Rien n'est à négliger, rien n'est indifférent :
La houlette peut vaincre un oppresseur du monde,
Et le pâtre parfois, de Dieu même envoyé,
Charge d'un vil caillou l'inévitable fronde
Et le géant est foudroyé.

Baudricourt, ébranlé, rappelle à Jeanne son père et sa mère. Dans la réponse que le poète prête à la Pucelle on retrouve les paroles de celle-ci, telles que l'histoire les a conservées :

Dieu me parle et me dit : « Je le veux, va, ma fille, »
Ces mots, je les entends : « Va, ma fille ! » J'irai,

J'irai lorsque j'aurais à braver cent tonnerres,
Et tous les démons en courroux,
Quand mes jambes devraient s'user jusqu'aux genoux,
Oui, j'irai, quand j'aurais cent pères et cent mères.

Baudricourt convaincu se décide à emmener Jeanne dont Jacques d'Arc et Isabelle Romée apprennent le départ par un jeune paysan, Alain, que la Pucelle a chargé de ses adieux.

Acte III. — A Chinon, discussion de La Trémoille incrédule et de Robert de Baudricourt qui vient d'amener Jeanne à travers mille dangers. Au bruit de leur querelle paraît Charles VII. Il décide que les docteurs vont examiner la jeune fille. Comme dans nombre de pièces dont nous avons parlé, la Pucelle reconnaît le roi mêlé à ses courtisans. Les docteurs font subir à Jeanne un interrogatoire où le poète a mis à profit plusieurs des réponses faites lors du procès de condamnation. Les docteurs décident que le roi peut se fier à la jeune paysanne. Enthousiasme du roi et de la plupart de ceux qui l'entourent.

Acte IV. — Délivrance d'Orléans. Jeanne annonce que sa mission sera terminée à Reims.

Acte V. — A Reims, devant le portail de la cathédrale. Peuple et soldats parlent des prodiges accomplis par la Pucelle. Sortie de la cathédrale.

Jacques d'Arc, Isabelle Romée, Laxart et d'autres habitants de Domremy sont accourus. Jacques et Isabelle supplient le roi de leur rendre leur fille; Charles ne veut point consentir à se priver de son merveilleux concours. Jeanne se soumet à ses ordres.

Je ne m'arrêterai pas longtemps à la seconde pièce de M. Daillière qui, je l'ai dit, n'a pas été représentée, mais qu'on peut lire dans les œuvres du poète angevin. Le premier acte de la *Mort de Jeanne d'Arc* se passe au château de Beaurevoir ; des chevaliers anglais et bourguignons s'entretiennent des événements qui se sont produits depuis le sacre de Charles VII. L'évêque de Beauvais trame la mort de la Pucelle qui inspire une vive compassion à Jeanne de Béthune et à Jeanne de Luxembourg. La Pucelle enchaînée est conduite à Rouen.

L'acte II est à peu près rempli par les interrogatoires de Jeanne. Les témoignages apportés de la Lorraine par Jean Bailly exaspèrent Cauchon qui craint de voir sa victime lui échapper. Heureusement qu'il peut compter sur le zèle de Loiseleur. L'acte III nous fait assister au supplice de la Pucelle et au repentir du perfide Loiseleur. Quant à l'évêque de Beauvais, en descendant de son estrade, il tombe comme foudroyé, mort qui eût été bien méritée, mais qui est de l'invention du poète.

Comme on l'a vu par les courtes citations que j'ai faites, M. Daillière emploie les vers libres, ce qui lui permet d'éviter à la fois les enjambements adoptés par l'école romantique et les inversions si chères aux poètes classiques. On peut s'étonner que ce système rythmique ne soit pas plus usité pour les œuvres dramatiques. On sait le plaisir que cause l'*Amphitrion* de Molière. Si dans la comédie les vers libres sont d'un aussi charmant effet, par leur flexibilité, par la facilité avec laquelle ils passent d'un ton à un autre, ils peuvent soudainement prendre les formes les plus lyriques et dans les moments d'enthousiasme et de passion s'envoler comme les strophes d'une ode; ils se prêtent admirablement à l'expression de tous les sentiments, de tous les contrastes. C'est ce qu'a compris M. Daillière et l'exemple qu'il a donné devrait être suivi.

Si j'avais observé à l'égard de la pièce de M. Barbier, l'ordre chronologique que j'ai à peu près respecté précédemment, je l'aurais placée sous la date de 1873, année où, comme je l'ai dit, elle fût représentée sur le théâtre de la Gaîté. Mais ce drame, ressuscité par l'auteur, vient avec le concours de madame Sarah Bernhardt de faire une nouvelle apparition sur le théâtre de la Porte-Saint-Martin, et pour n'avoir pas à me répéter en traitant d'un même sujet, je prendrai cette œuvre dans sa dernière forme, tout en jetant en arrière un coup d'œil sur sa composition primitive. Le premier acte se passe à Domremy; ce serait le meilleur du drame si Jeanne, tout à coup transportée par une fureur guerrière, s'armant d'une faulx, ne livrait un combat à un Anglais, Stewart. Cet épisode n'est pas dans le caractère de Jeanne. A Domremy, on l'a dit, elle se montrait douce, timide et rien ne révélait ses destinées. C'est un souvenir de la manière dont Schiller a conçu sa *Jungfrau* qui a inspiré cette scène; c'est encore l'influence du poète allemand qu'on reconnait dans l'acte II, où nous voyons, à Chinon, le Charles VII insoucieux, ne rêvant que plaisirs, dont tant de fois nous avons rencontré le portrait fastidieux. Dans la première composition de son drame, M. Barbier avait donné près du roi un grand rôle à Agnès Sorel, toujours d'après Schiller; mais dans la tragédie allemande, Agnès et Jeanne ne se trouvent en contact que dans une scène subséquente que M. Barbier avait d'abord imitée dans son quatrième acte et qu'il a bien fait de laisser de côté.

Dans le remaniement de son drame, réflexion faite, M. Barbier a supprimé Agnès Sorel. Elle n'avait que sept ans lors de l'arrivée de Jeanne à Chinon (1) et il y avait quinze ans du bûcher de Rouen quand la dame de Beauté devint la maîtresse du roi. Elle était vraiment trop petite pour le rôle que lui avait donné le poète. Mais ne voulant pas refaire son deuxième acte, M. Barbier a chargé une certaine Iseult de débiter les vers que la belle Agnès disait autrefois.

Ce changement n'est pas heureux. Une tradition fort douteuse attribue à la dame de Beauté l'honneur d'avoir réveillé le courage de son amant. Une fois l'anachronisme commis, M. Barbier pouvait conserver à la favorite son caractère légendaire, mais pouvait-il en gratifier une Iseult dont

1. *Histoire de Charles VII*, par M. du Fresne de Beaucourt, t. IV, p. 171. On aura bien de la peine à détruire cette sorte de parallélisme entre Agnès et Jeanne. M. Dumas fils, dans un livre à prétentions érudites, n'a-t-il pas mis l'une et l'autre en antithèse, près de Charles VII à Chinon. Dernièrement le critique d'un journal du matin demandait avec indignation pourquoi Agnès ne figurait plus dans le drame de M. Barbier. On n'avait pas le droit de violer ainsi l'histoire, de remplacer un personnage historique par une Iseult venue on ne sait d'où? etc. Le même critique assurait que Jeanne d'Arc paraissait dans le *Henri III* de Shakspeare, que ce drame de Shakspeare avait été imité par Ducis, que la pièce de Schiller était une trilogie, qu'elle avait été adaptée par Soumet !

le nom ne rappelle rien de semblable? Du reste, l'une dans la première rédaction, l'autre dans la seconde changent trop brusquement d'opinion sur la Pucelle.

Le troisième acte, à Orléans, ne me paraît pas avoir subi de changements notables. Le quatrième a pour ainsi dire disparu. Je ne regrette pas certes la longue scène entre Agnès et Jeanne, scène imitée de Schiller et dont j'ai parlé tout à l'heure, mais je regrette la venue des parents de la Pucelle à Reims, leurs instances pour la ramener à Domremy, le refus du roi, la manifestation de sa reconnaissance pour Jeanne par lui comblée d'honneurs... Cette fois le théâtre ne nous montre plus l'extérieur de la cathédrale, il nous en fait voir l'intérieur au moment même du sacre. Les cérémonies religieuses les plus augustes ainsi transportées sur un théâtre ne choquent-elles pas comme une exhibition sacrilège? Cet acte est entièrement destiné à satisfaire les yeux par la splendeur de la mise en scène et les oreilles par la musique de Gounod, mais le poète en a disparu.

Nous le retrouvons au dernier acte, resté ce nous semble tel qu'il fut en 1873; les interrogatoires de Jeanne sont bien rendus et le dénouement nous montrant le bûcher sur la place de Rouen cause un grand effet, auquel l'habileté de la mise en scène n'est d'ailleurs pas étrangère. Pourquoi M. Barbier qui a intitulé légende son *rifacimento*, n'a-t-il pas pris à la tradition cette colombe qu'on prétendait avoir vue s'envoler du milieu des flammes et s'élancer vers le ciel?

Nous voici arrivé à fin de ces recherches. Elles n'ont d'autre mérite que de résumer rapidement des ouvrages dont quelques-uns sont difficiles à découvrir. La curiosité qui nous a poussé à faire ce travail a été souvent bien punie. Puisse cette étude ne pas faire éprouver à ceux qui la parcourront l'ennui que les livres sur lesquels elle a été écrite nous ont fait souvent ressentir à nous-même. Si maintenant nous voulions mettre un peu d'ordre dans ces livres que nous avons pris les uns après les autres et en ne suivant guère qu'une progression chronologique, nous dirions que l'on peut reconnaître trois grands courants dans la manière dont le sujet de Jeanne d'Arc a été traité. Le premier, le meilleur selon nous, le courant historique, comprend les pièces où l'auteur sans préoccupation de règles despotiques s'est le plus rapproché de la vérité. A ce courant appartiennent le

Mystère du siège d'Orléans, la tragédie de Fronton du Duc, l'intermède des *Amantes* de Nicolas Chrétien, — nous ne parlons que des œuvres françaises — le courant s'arrête devant d'Aubignac et La Mesnardière, pour ne reparaître qu'environ deux siècles plus tard dans le drame d'ailleurs fort obscur de M. Millot et se continuer, mais non pas toujours seul, et en s'altérant quelquefois par des réminiscences de Schiller, jusqu'au drame de M. Daillière et à celui de M. Barbier.

Le second courant est celui de la tragédie proprement dite, des trois unités, de la Jeanne d'Arc trop solennelle, trop guerrière. On y remarque une dizaine de poètes dont les plus célèbres sont d'Avrigny et Soumet, les plus obscurs d'Hédouville et Maurin.

Le troisième courant a sa source dans Shakspeare, source absorbée plus tard par Schiller. A ce dernier appartient la Jeanne d'Arc, guerrière intrépide, innée, accessible aux mauvaises passions, la Jeanne d'Arc tout à fait fausse, s'agitant au milieu de péripéties inventées par le poète. On a vu quel nombre considérable de pièces remontent à la *Jungfrau von Orléans*, dont l'influence s'est aussi répandue sur des œuvres appartenant à d'autres catégories, et qui, en 1862, a reparu dans le drame de M. Materne, telle à peu près que Schiller l'avait créée.

Les noms des auteurs dramatiques inspirés bien ou mal par Jeanne d'Arc forment une longue liste. Est-elle close? Cela n'est pas probable. Sans doute l'avenir garde de nouveaux poètes à la Pucelle d'Orléans, mais dès à présent, tout en souhaitant qu'un sujet si beau, si propre à éveiller les plus nobles sentiments, soit encore souvent traité, ne peut-on penser que jamais on n'aura sur Jeanne d'Arc rien de plus émouvant, de plus touchant, de plus sublime que sa chronique, que son procès, que la vérité?

FIN

Imp. de la Soc. de Typ. - [illegible], 8, r. Campagne-Première. Paris.

[illegible] LIBRAIRIE

ENVOI FRANCO CONTRE MANDAT OU TIMBRES-POSTE

BARBEY D'AUREVILLY

Polémiques d'hier, 2e édition. . fr. 3 50
Les 40 médaillons de l'Académie, 2e édition. . . . . 2 »

GEORGES BARRAL

[illegible] des sciences, 2e édition . . 3 50

PIERRE BERTRAND

[illegible] la vie, 2e édition. 3 50

LOUIS BARRON

Sous le drapeau rouge, 2e édition. . 3 50

LÉON BLOY

Le Désespéré. 3 50
Un brelan d'excommuniés, 2e édition. 2 »

FRANÇOIS BOURNAND

Le Clergé sous la 3e République. . 3 50

COMMANDANT ***

La prise de Cherbourg, 2e édition. 3 50

AUGUSTE CALLET

Les Origines de la 3e République, 2e édition. 3 50

CHARLES CHINCHOLLE

Le général Boulanger, 4e édition. . 3 50

THÉODORE CAHU (THÉO-CRITT)

L'Europe en armes en 1889, 2e éd. . 3 50

PIERRE DE CORVIN (NEVSKY)

Le Théâtre en Russie, 3e édition. . 3 50

H. CANU et G. BUISSON

M. Paul Déroulède et sa Ligue des Patriotes, 2e édition. . . . . . . 2 »

GEORGES DARIEN

Bas les Cœurs! 1870-1871, 2e édit. . 3 50
Biribi, discipline militaire, 2e édit. 3 50

LÉON DELBOS

Les 2 Rivales (Angleterre et France), 2e édition. 3 50

PHILIPPE DESPLAS

Le Tremplin, 2e édition. 3 50

PAULINE DROUARD

Un Pays envahi, 2e édition. 3 50

LÉON DUVAUCHEL

La Tourbière, 2e édition 3 50

FOUCAULT DE MONDION

La vérité sur le Tonkin, 2e édition. 2 »
Quand j'étais Mandarin, 2e édition. 3 50

UN GENTILHOMME RUSSE

Russie et Liberté, 2e édition. . . . 3 50

DENIS GUIBERT

Le nouvel aspect de la Question romaine, 2e édition. 3 50

A. HAMON et GEORGES BACHOT

L'Agonie d'une Société, 2e édition. 3 [illegible]

VAN HUFFEL

Quatre ans aux frais de justice, 2e éd. [illegible]

J. RAOUL DE JUGLART

Les événements d'Angoulême, 2e éd. [illegible]

KIMON

La politique israélite, 2e édition . [illegible]

MARCEL LUGUET

Elève-Marthyr, 2e édition. . . . . [illegible]

AUGUSTE LEPAGE

Une déclassée, 2e édition . . . . . . [illegible]

CHRISTOPHE MARLOWE

Théâtres, 2e édition, 2 vol. . . . . . [illegible]

J. H. MENOS

Lettres de Benjamin Constant, 2e éd. [illegible]

L. NEMOURS GODRÉ

Les Cyniques, 2e édition . . . . . . [illegible]
O'Connel, 2e édition. . . . . [illegible]

HONORÉ PONTOIS

Les Odeurs de Tunis, 4e édition. . . [illegible]

A.-F. PISEMSKY

Théâtre, 2e édition. . . . . 3 [illegible]

GEORGES PRICE

Péché de Jeunesse, 2e édition. . . 3 [illegible]

COMTE DE PUYMAIGRE

Les vieux auteurs Castillans. 2e éd. 2 vol. parus. . . . . [illegible]

AUGUSTE ROHLING

Le Juif selon le Talmud, 2e édition. 3 [illegible]

J.-H. ROSNY

Le Termite, 4e édition. . . . . 3 [illegible]

ADRIEN REMACLE

L'Absente, 2e édition. . . . . 3 [illegible]

ALBERT SAVINE

Mes Procès, 2e édition. . . . . . . 3 [illegible]

VLADIMIR SOLOVIEF

La Russie et l'Eglise universelle, 2e édition. . . . . 3 [illegible]

SIR RICHARD TEMPLE

L'Inde britannique, 2e édition. . . 5 [illegible]

COMTE LÉON TOLSTOÏ

Les Décembristes, 2e édition. . . . 3 [illegible]
Le Progrès et l'instruction publique en Russie, 2e édition . . . 3 [illegible]

***

La Triple Alliance de demain, 2e éd. 3 [illegible]

JACINTO VERDAGUER

Le Canigou, 2e édition . . . . 3 [illegible]

Imp. de la Soc. de Typ. — NOIZETTE, 8, r. Campagne-1re, Paris.

www.ingramcontent.com/pod-product-compliance
Ingram Content Group UK Ltd.
Pitfield, Milton Keynes, MK11 3LW, UK
UKHW021106220726
13924UKWH00004B/1542